Burkhard Rau

FAHREN
OHNE SCHLIPS UND KRAGEN

Eine praktische Anleitung
zum sicheren Freizeitfahren

KYNOS VERLAG

www.kynos-verlag.de

Bildnachweis:
Alle Bilder von Burkhard und Gisela Rau, außer:
S. 119 (Sabine Keller) und S. 123 (Lothar Lenz)
Titel und Rücktitel: Der Autor mit Mérens "Filou"

2. Auflage 2007

Gedruckt in Lettland

ISBN 978-3-933228-46-8

INHALTSVERZEICHNIS

Inhaltsverzeichnis

AUF RÄDERN HINTERM PFERD

Kürzlich kaufte sich ein Nachbar eine gebrauchte Kutsche. Er ist vor wenigen Monaten Rentner geworden und eigentlich dachte ich, er würde den Pferdewagen neben dem alten Pferdepflug und unter den ausgemusterten Wagenrädern an der Wand in seinem Vorgarten platzieren. Wenige Tage später hörte ich, dass Karl von einem Bauern eine Wiese gepachtet hatte und ein kurzes Gespräch mit ihm ergab: Karl sucht zwei Pferdchen, denn er will Kutsche fahren. Die Kutsche hatte Karl günstig eingekauft und zwei alte Kumtgeschirre waren auch dabei. Er hatte schon viel gearbeitet, denn die Metallbeschläge des Geschirrs waren mit silberner Ofenrohrfarbe gestrichen und auch das Leder hatte er wunderbar mit Lederfarbe schwarz gefärbt. So oder ähnlich beginnen leider sehr oft manchmal recht kurze Ausflüge ins Lager der "Fahrer".

Um die Geschichte kurz zu Ende zu erzählen: Karl hatte wenige Tage später mehr Glück als Verstand, denn er erwischte zwei völlig unkomplizierte und umgängliche Ponys, etwa 1,25 m groß. Ein schon lange pensionierter Sattler fertigte überdimensionale Unterlegekumts für das zu große Geschirr.

Bei Karls erster Ausfahrt ging alles leidlich. Zwar bemerkte er, dass die Wagenbremse nicht so richtig funktionierte - es ging aber trotzdem alles gut, wie er freudestrahlend berichtete, da die Pferde den Wagen ja über die Ketten an der Deichsel zum Geschirr gut abbremsen konnten.

Bei der zweiten Fahrt war es schon anders: Noch bevor Karl den Kutschbock besteigen konnte, gingen seine braven Pferde mitsamt der Kutsche auf und davon. Einen Ort weiter konnte das herrenlose Gespann aufgehalten werden und seitdem hat man Karl nicht mehr fahren sehen. Er musste zu seiner Verwunderung übrigens auch feststellen, dass sich die braven Pferdchen durch eine kleine Litze um die Weide nicht immer von einem kleinen Ausflug in saftigere Weidegründe abhalten lassen und dass der Hufbeschlag öfter als nur zweimal im Jahr erneuert werden muss, aber das ist ein anderes Thema...

Soweit zu Karl! Besonders das Freizeitfahren leidet unter diesem *Karlsyndrom* in ungeheurer Weise. Fröhliche Menschen wie unser Karl ramponieren nicht nur das Image ernsthafter Freizeitfahrer in den Augen der Turnierfahrprofis, sie stellen auch eine erhebliche Gefährdung für ihre

Umwelt, ihre Pferde und sich selbst dar. Eines ist klar: Fahren ist nicht ganz so einfach, wie Karl sich das dachte. Es hilft nur eines - lernen und wissen, worauf es ankommt! Einen ersten Schritt haben Sie mit dem Lesen dieses Buches schon unternommen.

Die Motivationen, aus denen Menschen das Fahren beginnen, sind oft grundverschieden. Die einen sind schon seit vielen Jahren Reiter und wollen nun auch ihre Familie in das Zeit fressende Hobby "Pferd" mit einbeziehen und sie in Zukunft bei Ausfahrten mitnehmen; oder der neue Lebensabschnittsgefährte soll mit dem "Pferdevirus" infiziert werden, oder aber wie unser Karl, will man seine fast schon vergessene Jugendliebe zu den Pferden mit neuem Leben erfüllen. Vielleicht haben Sie aber auch Probleme mit der Gesundheit, wollen nicht mehr in den Sattel und denken an so einen bequem aussehenden Kutschbock. Übrigens gibt es sogar querschnittsgelähmte Menschen, die zu erfolgreichen Fahrern geworden sind.

Alle diese Leute mit ihren unterschiedlichen Voraussetzungen müssen das "Fahren" erlernen. Fahren sieht so einfach aus, und wenn Sie sich in einem Pferdestall bei den Anwesenenden mal umhören würden, dann müssten Sie erkennen, dass ein großer Teil der Leute weiß, dass es Erfahrung braucht ein Fahrpferd auszubilden, aber dann keine unüberwindliche Schwierigkeit in der Fahrerpraxis erkennbar ist. Im Gelände, auf dem Kutschbock sitzend, die Leine in der Hand - die Kommandos Hü und Brrr - wo ist die Schwierigkeit? Klar, wie so ein Geschirr auf's Pferd kommt, das muss man gezeigt bekommen, aber dann - kein Problem!

Also besucht man einen Fahrkurs. Da sitzen sie nun, die Karls, die Umsteiger, die Einsteiger (oft mit der Hoffnung, nun bei ihrer neuen Freundin in Zukunft die volle Anerkennung zu bekommen) und die Erweiterer. Die meisten Fahrkurse, die am Ende mit irgendeiner (überwiegend anerkannten) Prüfung enden, dauern nur wenige Wochen.

Die Teilnehmer haben gelernt, wie die Achenbach'schen Griffe heißen und wie die Zweispännerleine nach Achenbach funktioniert. Sie haben auch gelernt, dass Pferde einfach nicht laufen können, wenn der Fahrer keine Kopfbedeckung trägt und sie können das Fahrschulpferd mit seinem Geschirr anziehen und es vor seine Kutsche stellen.

Alle können mit diesem Gespann sicher durch den Straßenverkehr steuern und wissen, auf welcher Seite des Revers die Nadel des Fahrabzeichens getragen werden muss!

Respekt!!!

Aber kommen sie damit später zuhause, in der Praxis, auch wirklich zurecht? Nutzen ihnen die gelernten Regeln, wenn sie den Familien-Norweger einspannen wollen und nun überlegen, welche Kutsche sie für ihn brauchen?

Bitte verstehen Sie mich nicht falsch: der Besuch eines Fahrkurses ist auf alle Fälle anzuraten und wichtig. Ein Buch kann keinen zwei- oder vierbeinigen Fahrlehrer ersetzen. Das Fahrsystem nach Achenbach, das in allen diesen Kursen gelehrt wird, ist aber ein sehr starres System, das vor mehr als hundert Jahren im Hinblick auf ein kultiviertes Fahren für die besseren Herrschaften entwickelt wurde. Es hat unbestritten seine Vorteile auf dem Gebiet des Fahrens mit zwei oder mehr Pferden im Dressursport. Für den Freizeitfahrer, der (meist nur mit einem Pferd) entspannt fahren möchte, ist vieles davon nicht nur unnötig, sondern zum Teil sogar unangebracht.

Ich möchte Ihnen deshalb ein einfaches, taugliches und sicheres und pferdegerechtes System für das Freizeitfahren vorstellen, das sich nicht an Etiketten, sondern an Erfahrungen orientiert. Fahren soll schließlich Spaß machen.

Und zwar sowohl den Menschen als auch den Pferden!

Der Autor mit einem seiner Mérenspferde

ACHENBACH & CO.
ETWAS ÜBER FAHRSYSTEME

Allgemein wird die Frage nach dem Fahrsystem in keinem Fahrbuch, in keinem Fahrkursus und in keinem Fachartikel über das Fahren mit Pferden mehr diskutiert. Das Fahrsystem nach Benno von Achenbach gilt als etabliert und wird nicht hinterfragt.

Im Vergleich zu vielen anderen Fragen rund um das Pferd und die Reiterei ist der Informationsstand über andere Möglichkeiten des Fahrens äußerst gering. Wir reiten heute Western, Barock, auf Gangpferden, Distanz... die Welt der Reiterei ist bunt und exotisch geworden. Die Reiter hinterfragen (zum Glück) immer öfter, warum etwas, das man erklärt, denn so und nicht anders sein soll. Viele alte Zöpfe in der Reiterei wurden so abgeschnitten - dass man nur mit hannoverschem Reithalfter reiten kann beispielsweise. Nur im Fahrsport ist alles anders.

Wenn Sie auf einem Fahrturnier die dort anwesenden Fahrer nach anderen Arten des Fahrens befragen würden, würden Sie mit dünnen und dürftigen Resultaten wieder nach Hause gehen. Vielleicht hätten Sie auf Ihrem Notizzettel das Fahren nach der ungarischen Art notieren können, aber richtig erklären können, was es damit auf sich hat, hätte es Ihnen wohl keiner.

Wo geht es denn hier nach Achenbach?

Diese Frage soll schon häufiger von nichtsahnenden Zeitgenossen als Reaktion auf das mit stolzgeschwellter Brust eines Kutschenfahrers vorgetragene Bekenntnis "Ich fahre nach Achenbach!" gestellt worden sein. Wer war also Achenbach?

Neben der alten "deutschen Fahrart", dem alten englischen Fahrsystem, der slawischen Art des Fahrens, der amerikanischen Fahrerei und der ungarischen Fahrart gibt es das Fahrsystem des Herren Hamelmann und das des Herrn Benno von Achenbach (er lebte von 1861 bis 1936) als perfektioniertes englisches Fahrsystem.

Hamelmann und später Achenbach haben versucht, auf akademischem Weg ein Reißbrettverfahren zur guten Fahrerei zu schaffen. Beide erdachten einen Weg, wie pferdegerechter und pferdeschonender gefahren werden kann.

Zeitgenossen von Hamelmann berichten über die katastrophalen Zustände der Pferde, über durchgehende Gespanne, wild auf die Rösser einprügelnde Fuhrleute und sinnloses Gejage auf den gepflasterten Straßen. Parolen, die darauf abzielen, die überragenden Kenntnisse der Urahnen in allen Fragen rund um das Pferd zu glorifizieren, sind völlig fehl am Platze. Vor allem für die Fuhrleute sagen alle Berichte aus der Zeit um die Mitte des 19. Jahrhunderts einmütig aus, dass unzulänglich ausgebildete Kutscher und Pferde mit falscher, oft tierquälerischer Anspannung die Kraft der Pferde falsch einschätzend für sich und die ganze Umwelt ein Gefahr darstellten.

Das Urteil über die Bauernschaft war meist genauso vernichtend.

Blutende Pferde, Pferde mit dicken Eiterbeulen und offenen Buggelenken waren an der Tagesordnung. Wer durch die bäuerlich Landschaft fuhr, musste nicht lange suchen, um ein lahmes Pferd bei der Arbeit zu beobachten.

In dieser Zeit begann der Wunsch nach gravierend verbesserter Ausbildung der Kutscher und Fuhrleute, nicht von ungefähr parallel zum Aufkommen des Automobils. Verbesserte Ausbildung sorgte für weniger Unfälle, aber es erwuchs die Notwendigkeit, zur gleichmäßigen Anhebung der Leistungsbreite eine vereinheitlichte Fahrmethode zu etablieren. Und außerdem musste man etwas gegen die neue automobile Konkurrenz tun. Hier zeigte sich Benno von Achenbach als ein wahrer Könner. Er verstand es, sein System breit zu publizieren und mit eigenem Engagement in die größer werdende Zahl der Fahrschulen zu bringen. Zu seinem Durchbruch verhalf Benno von Achenbach, der übrigens aufgrund seines Engagements für das pferdefreundliche Fahren geadelt wurde, sicherlich auch der Anschluss des deutschen Militärs an seine Fahrlehre.

Aber ist dieses System mit unserer heutigen, geänderten Einstellung zum Pferd als Freizeitpartner noch immer das Maß aller Dinge?

Grundsätze des Fahrens nach Achenbach

1 Zum korrekten Fahren (nach Achenbach) braucht man die Achenbachleine, eine Fahrpeitsche und die Anspannung mit festen Bracken (dazu später mehr).

2 Die Achenbachsche Mehrspännerleine lässt sich vom Kutschbock verschnallen, was zum Ausgleich unterschiedlich ziehender Pferde während der Fahrt nötig ist

3 Die Fahrleinenhaltung vom Einüber den Zwei- bis zum Vier- und noch mehr Spänner ist prinzipiell gleich; man muss nicht um-, sondern nur dazulernen.

4 Durch die einhändige Fahrweise in der Grundhaltung hat der Fahrer die rechte Hand frei und kann die Peitsche und Handbremse bedienen, Richtungszeichen geben und grüßen.

5 Wendungen werden durch das leichte Annehmen beider und anschließendes Nachgeben der äußeren Fahrleine eingeleitet. Die Fahrleine darf nie durch die Finger rutschen oder gleiten gelassen werden.

6 Beide Hände werden senkrecht gehalten und so werden Richtungsänderungen (Wendungen) lediglich durch Drehung der Handgelenke in der Dressurhaltung möglich (gleichzeitiges Nachgeben der einen und Annehmen der anderen Fahrleine).

7 Rechts- und Linkswendungen sind unterschiedlich und werden auch unterschiedlich gefahren.

Sie erkennen, dass sich Herr Achenbach, wie auch alle anderen großen Fahrmeister dieser Zeit, in erster Linie um das Fahren mit vielen Pferden sorgte. Richtiges Fahren begann doch erst mit dem Vierspänner, und so vertrat Graf Wrangel seinerzeit die Meinung, doch im Fahrunterricht mit der Vierspänner Ausbildung zu beginnen, da derjenige, der dies beherrscht, sicherlich auch zweispännig fahren kann.

Aber im Ernst: Wie viele von uns sind heute dazu in der Lage, sich aus Hobbyzwecken einen Vierspänner leisten zu können? Fährt nicht die große Zahl der Freizeitfahrer nur mit einem, höchstens mit zwei Pferden?

Brauchen wir noch die freie rechte Hand zum standesgemäßen Grüßen und zum Bremsen, wo wir doch heute an modernen Kutschen Fußbremsen haben?

Kann und muss die Handhaltung bei stundenlanger Ausfahrt im Gelände immer starr und "senkrecht" sein?

Wieso machen wir so komplizierte Unterschiede zwischen Rechts- und Linkswendungen, nur weil man traditionsgemäß auf der rechten Seite der Kutsche sitzen soll anstatt in der Mitte?

Betriebsanweisung für Pferde
Hamelmann und später Achenbach erkannten das völlige Desinteresse am Pferd, das von den Kutschern in den meisten Fällen lediglich als Antriebsmotor für den Wagen gesehen wurde. Was sie in ihrer Kritik an der Fahrweise der Bauern und einfachen Leute aber vergaßen, war, dass diese es sich aufgrund ihrer sozialen Stellung schlichtweg nicht leisten konnten, ein nicht passendes Geschirr durch ein neues zu ersetzen oder ein lahmendes Pferd längere Zeit nicht einzusetzen. Das Achenbach'sche Fahrsystem, das muss man immer im Hinterkopf behal-

ten, war ein hochherrschaftliches Fahrsystem.

Wenn man die Einstellung der Angestellten zum Pferd schon nicht ändern konnte, so dachte Achenbach, war es aber doch möglich, mechanisierte, erlernbare und überprüfbare Anspannungssysteme, Leinen und Leinenführungsgriffe zu etablieren, die auch zur Verbesserung für das Pferd gereichten.

Benno von Achenbach war schon so etwas wie der erste "Pferdeflüsterer" in Deutschland. Noch etwas unterschied ihn von seinen vielen Nachfolgern: Achenbach wollte seine Schüler zum Denken veranlassen. Er schrieb auf die Frage des Herrn Kurt Plessing, der sich über einige sehr komplizierte Formulierungen und Gedankengänge aus des Meisters Werk wunderte:

"Genau das gilt es zu erreichen, die Fahrschüler sollen denken, denn gefahren wird auch mit dem Kopf und sie sollen verstehen, verbessern, und weiterentwickeln und sich jeder Konsequenz ihres Tuns bewusst sein, für sich, die Fahrgäste und die Pferde."

Mir sei die Bemerkung erlaubt, dass unsere Pferdeflüsterer von einer großen Zahl gläubiger Jünger umgeben sind und diese Blindgläubigkeit auch in den Fahrkursen weitergegeben wird.

Aber Achenbach wird nicht hinterfragt.

"Ohne Hut kann man nicht fahren" Das hat zwar nicht Achenbach gesagt, aber so gut wie alle, die von sich behaupten, nach seiner Lehre zu fahren, beten die Forderung "der Fahrer hat eine Kopfbedeckung zu tragen..." gebetsmühlenartig nach.

Damit wir uns nicht falsch verstehen: Ich habe nichts gegen Menschen mit Hut, ich trage manchmal sogar selber einen. Aber im Fahrsport hat man schon den Eindruck, dass der Wasserkopf der Stil- und Kleidervorschriften inzwischen so groß geworden ist, dass man viel wichtigere Dinge darüber beinahe vergisst. Mich als Freizeitfahrer bewegt nicht die Frage, ob mein Zylinder schwarz oder grau sein muss, sondern eher die, welche Anspannung für mich und mein Pferd die praktischste und sicherste ist.

Ganz schlimm wird dieser Tanz auf dem Fahrturnierplatz: Stilistische Fragen, nicht unbedingt von Achenbach gemacht, aber aus seiner Zeit stammend, dominieren. Dinge wie das gefaltete Taschentuch im Jackett des Fahrers, die unbedingte Pflicht von Handschuhen, die Farbe der Socken und welcher Hut zu welcher Anspannung gefahren werden kann sind für mich deutlich überbewertet. Ich habe viele Geschichtsbücher gelesen und denke, dass die Junker, Großgrundbesitzer, der Landadel und die besseren Gesellschaftskreise in den Städten dieser Zeit für mich nicht unbedingt das ultimative Vorbild sind, dem ich in Stil und Optik nacheifern will und deren Tradition ich hochhalte.

Der für mich passende Concours d'Élégance ist der, bei dem das oder die Pferde gut ausgebildet harmonisch im Takt und als Einheit mit dem Fahrer über den Platz laufen. Auch der nicht so gut verdienende, bei dem die Mark, oder besser der Euro, sehr wohl eine Rolle spielt, hat die gleichen Chancen auf dem Turnierplatz verdient wie der Großbauer oder der Wirtschaftboss. Immerhin kostet alleine der Fahrzylinder schon mehrere hundert Euro.

Entspannen und Fahren
- so würde ich gerne mein eigenes Fahrsystem in freier Anlehnung an den Titel der "Achenbach-Bibel" namens "Anspannen und Fahren" taufen. Ich habe viel zugesehen, viel gelernt, viel experimentiert und ausprobiert und letztendlich Herrn Achenbach ein bisschen ausgezogen (ich bitte posthum um Entschuldigung, Herr von Achenbach - nehmen Sie's nicht persönlich).

Ich möchte nun mal nicht, wie die meisten Freizeitfahrer oder Fahrer in spe auch, vierspännig fahren, ich habe auch keine Lakaien, die mir zur Hand gehen, ich möchte nicht zackig-preußisch auf dem Bock sitzen müssen und mein Pferd soll nicht zackig-preußisch, sondern locker und entspannt laufen (außerdem sind meine Pferde Franzosen, und denen liegt das Zackige sowieso nicht).

In den folgenden Kapiteln werde ich Ihnen mein abgespecktes und aufs Praktisch-Wesentliche reduzierte Fahrsystem vorstellen. Dabei wird auch Herr von Achenbach noch öfter erwähnt werden.

Der Fahrer und sein Beifahrer

Welche Voraussetzungen muss der zukünftige Fahrer mitbringen?

Der Weg, zum Schnuppern einen Fahrkurs zu besuchen, ist sicherlich ein guter. Und wenn, wie meistens unvermeidlich, dann eine bestandene Prüfung hinten ansteht, so ist das auch ganz nett, weil spätestens im Falle eines Versicherungsschadens mit allergrößter Wahrscheinlichkeit die Frage nach diesem Kenntnisnachweis kommen wird.

Sie haben aber nun für das weitere Vorgehen auf Ihrem Weg auf den eigenen Kutschbock ein paar wichtige Entscheidungen zu treffen: Welches Ziel in der Fahrerei wollen Sie verfolgen?

So einfach die Frage auch klingt, so schwer fällt oft die Beantwortung. Die einen sehen sich irgend wann einmal auf einem Fahrturnier, die nächsten wollen das Lager der Distanzfahrer aufmischen, wieder andere denken über ein Pferd und die vielen zu rückenden Baumstämme im Wald nach. Auch die Antwort "Freizeitfahren" umfasst einige ganz feine, aber wichtige Unterschiede. Es ist etwas anderes, ob Sie am Sonntag im Anzug oder Kostüm regelmäßig Ihren Sonntagsspaziergang auf dem Bock genießen wollen oder ob Sie sich einen Zigeunerwagen zulegen und damit drei Wochen im Sommer durch die Landschaft vagabundieren möchten.

Es gibt auch Menschen, denen das ruhige Fahren viel zu langweilig ist, die über Stock und Stein galoppieren möchten. Wie soll der spätere Fahreralltag aussehen? Denken Sie an das gemütliche Ausfahren mit Ihrem Partner oder der Partnerin, oder soll der Kinder siebenköpfige Schar mitgenommen werden? Wollen Sie die besten Freunde aus dem Bibelkreis mitnehmen oder sollen die Kegelschwestern mit?

Ich denke, Sie wissen nun, was gemeint ist. Ihr gewünschter Verwendungszweck, Ihr Ziel in der Fahrerei bestimmt das gesamte weitere Vorgehen. Durch diese Antworten ist bestimmt, ob Sie in Zukunft ein- oder zweispännig, vielleicht sogar vierspännig fahren wollen, hierdurch ergibt sich die Pferdestärke, der Pferdetyp, den sie suchen müssen und schlussendlich auch der Kutschentyp.

Um Fahrer (natürlich auch Fahrerin) werden zu können, sollte man aber auch charakterlich ein paar ganz bestimmte Eigenschaften mitbringen: Sie sollten ein geduldiger Mensch sein. Die Vorbereitungen zum Fahren, das Hervorholen der Kutsche, das Fertigmachen des Pferdes und das Anspannen dauert nun einmal seine Zeit. Schnell ist der gesamte Nachmittag verflogen, wo man doch eigentlich nur ein Stündchen fahren wollte. Und hinterher gilt es je nach Wetter- und Geländeumständen auch noch, Geschirr und Wagen zu putzen - haben Sie für alles das nicht nur die Zeit, sondern auch die nötige innere Ruhe? Und sind Sie nervenstark? Der Fahrer muss in allen möglichen Situationen ruhig, souverän und besonnen reagieren können, um größere Unglücke zu verhindern. Wenn Sie beim ersten Hüpfer, den Ihr Pferd vielleicht macht, ans Abspringen vom Bock denken, steuern Sie auf dem kürzesten Weg in die Katastrophe.

Der Beifahrer

In der Überschrift dieses Kapitels ist auch der Beifahrer erwähnt. Fahren ist nichts für Menschen, die absolute Einsamkeit suchen. Dem Traum vom einsamen Cowboy werden sie nur auf dem Sattel hinterher reiten können. Beim Fahren sind Sie auf eine zweite Person angewiesen! Meist wird dies der Lebensgefährte sein, und der/die muss nun also Ihren Wunsch mittragen. Klären Sie das ab: Vor allem am Anfang (und später eigentlich auch nicht) geht es nicht alleine. Die Diskussionen wie: "Aber Schatz, ich brauche eine Person, die mir hilft", mit der Antwort: "Ich bin keine *Person* und habe Wichtigeres zu tun", sind müßig, verärgern, und verderben einem schlussendlich den Spaß am Fahren, und für den beginnen Sie die ganze Sache doch.

Was man wissen muss

Kann auch jemand zu einem guten Fahrer werden, der vorher noch nie einen Sattel "besessen" hat? Von der Technik des Fahrens gibt es hier wohl eher keinen Einspruch, aber obwohl so mancher "Fahrkurs" genau dies suggeriert, reicht die Kenntnis über die Achenbachleine und die richtige und gekonnte Haltung der Fahrleine zwischen den Fingern allein niemals aus, um anschließend selbstverantwortlich zu kutschieren.

Ein guter Kutscher ist einer, der seine Zugtiere, deren Allerwertesten er viele, viele Stunden vor sich sieht, besonders gut kennt, ihre Befindlichkeit erahnt, ihre Tagesform erkennt und respektiert. Um dies leisten zu können, braucht man eine gesunde Basis an Fachwissen rund um das Pferd, die über die fahrspezifischen Kenntnisse weit hinausgeht. Das braucht Zeit und den Willen, sich auf das Pferd einzulassen. Aber auch der oder die Reitexperte/in, welche schon seit Jahren den regelmäßigen Umgang mit dem Pferd gewohnt ist und sich auf dem Sattel genauso wohl fühlt wie im Ohrenbackensessel, muss in einigen Bereichen umdenken und Neues erlernen.

Der Reiter spürt mit seinem ganzen Körper die Bewegung des Pferdes. Muskelverspannungen, Taktunreinheiten und alle Veränderungen vom Normalen weg registriert der Reiter mit seinem ganzen Körper. Daneben reagieren auch seine Sinne: Mit den Ohren registriert man so manche ungewohnte Taktung; das Pferd nimmt den Reiter in seiner Bewegung mit und das Erspüren von Nachgeben und Aufnehmen des Zügels wird in diesem Einklang der Bewegung leicht.

Anders beim Fahren. Sämtliche Körperbewegungen werden nur noch durch die Schlaglöcher auf einer holprigen Straße bestimmt. Wenn dem Fahrer auch noch die Ohren als Tester der Bewegungsabläufe bleiben, so ist er doch in erster Linie auf die optische Beurteilung des Pferdes angewiesen. Und die geschieht aus einer für den Reiter völlig ungewohnten Position und Perspektive.

Viele Reiter haben hier häufig gravierende Defizite. Lahmheiten des Pferdes nur mit den Augen und den Ohren zu erkennen, ist ein ganz anderes Kapitel. Sie werden oft erst erkannt, wenn sie sehr offensichtlich sind.

Dass sich aus diesem Grunde niemand schämen muss, aber für sich um die Verbesserung seiner Kenntnisse ringen sollte, wurde mir besonders klar, als ich einer offiziellen FN- Fahrabzeichen Prüfung beiwohnte und feststellen musste, dass die Prüfer das offensichtlich nicht klar gehende Pferd als solches nicht erkannten und weiterhin ihre Prüflinge um Schlangenlinien und Wendungen baten. So etwas ist kein Ruhmesblatt und entlarvt nur, dass es manchmal wohl reicht, einäugig zu sein, um unter lauter Blinden der König zu werden.

Fahren wirkt familienfördernd! Auch die Schwiegereltern können mit.

Das Fahrpferd für den Fahrer

... und wie man mit ihm umgehen muss, damit es eins bleibt

Das Fahrpferd muss zu der Aufgabe passen, in der Sie sich Ihre zukünftige Betätigung wünschen. Dieselbe bestimmt in großem Maße natürlich auch den Wagen, den Sie brauchen. All das, das Pferd und der Wagen, müssen zu Ihnen passen.

Das Pferd muss zu Ihren Fahrkenntnissen, Ihren Fähigkeiten und auch zu Ihrem Geldbeutel passen. Es gibt viele Möglichkeiten das Pferd als Fahrpferd zu nutzen. Sie können in Zukunft Spazierfahrer werden, Marathon-, Gelände-, oder Distanzfahrer, Wanderfahrer, der mehrtägige Fahrten machen will, Arbeiter hinterm Pferd in der Landwirtschaft oder dem Forst, oder Sie haben Turnierambitionen. (Lieber zukünftiger Turnierfahrer, ich sehe keine Möglichkeit für Sie, Ihr Ziel ohne Pferdewechsel in den nächsten Jahren erreichen zu können.

Obwohl für das Turnierfahren grundsätzlich viele Rassen geeignet sind, so sind die Anforderungen, die im Turnier an die Ausbildung des Pferdes gestellt werden, sehr hoch. Ein gut ausgebildetes und fein zu fahrendes Pferd werden Sie als Anfänger im Fahrsport nicht in diesem Ausbildungsstand halten können, schlimmer noch, es kann zu bösen Unfällen kommen.)

Vielleicht ist es aber auch so, dass Sie möglichst alles machen wollen, oder Sie wissen noch nicht genau, welches Ziel in der Fahrerei Sie verfolgen werden.

Jedes für das Fahren geeignete Pferd muss besondere Eigenschaften haben und sollte von seinem Äußeren für die Beanspruchung im Fahren geeignet sein. Betrachten wir also zunächst das

Exterieur

Die das Äußere des Pferdes betreffenden Wünsche der Fahrer unterscheiden sich in einigen Punkten von denen eines Reitpferdes, zumindest ist die Gewichtung eine andere. Ich denke, die Einstellung "zum Reiten ist es nicht gut, aber zum Fahren taugt es noch" ist doch recht bedenklich. Zwei Dinge sind für die Eignung als Fahrpferd besonders wichtig.

Da ein Fahrpferd zuweilen auch zusammen mit einem anderen Pferd zweispännig gefahren werden soll, so ist die Gliedmaßenführung sehr zu beachten: Selten bewegen sich zwei

Reitpferde über längere Zeit so dicht nebeneinander. Sollte die Gliedmaßenführung eines der Pferdes stark nach außen zeigen, so könnte es zum Streichen kommen. Leider streicht dann in diesem Fall das Pferd aber nicht sein eigenes Bein, sondern das des Nebenpferdes. Die daraus resultierenden Verletzungen sind enorm, sogar eine Sturzgefahr ist gegeben.

In vielen alten Fahrlehrbüchern wird das so genannte "Juckerpferd" im Hackney-Typ für das repräsentierende Fahren hoch gelobt. Die hohe Aktion der Vorhand, ein Step-Gang, wie ihn heute noch viele Friesen oder Andalusier zeigen, war damals auch bei vielen deutschen Pferderassen gewollt und wurde züchterisch gefördert. Die hohe Knieaktion der Schultergliedmaße im Trab führt aber in der Bewegung zu einem kräftigen Aufprall der Hufe auf den Boden.

Sollten Sie mit einem solchen Pferd gewollt oder gezwungenermaßen in der Zukunft viel auf harten Böden fahren wollen, so müssen Sie hufbeschlagstechnisch hier extreme Stoßdämpfung einplanen - oder besser ein Pferd mit anderer Bewegung aussuchen.

Gleiches gilt auch für Pferde mit sehr steiler Fesselung und stumpfen Hufformen: Sie prallen deutlich kräftiger auf den Boden als andere. Bei diesen Pferden kommt es deutlich öfter zu verfrühten Verschleißerkrankungen wie etwa der Schale (Ringbein).

Ein besonderes Augenmerk muss der Brust und der Schulter des Pferdes gelten. Bei der Betrachtung des Pferdes muss das Zuggeschirr vor dem geistigen Auge aufliegen. Es gibt Pferde, die für das Auflegen eines Brustblattes anatomisch ungeeignet sind. Das Brustblatt würde immer entweder auf das Buggelenk oder auf die Luftröhre drücken. Dies gilt in gleichem Maße für die Schulter. Manche Schulterkonstruktionen lassen das Auflegen eines Kumts einfach nicht zu.

Für das vordere Pferd wäre ein Kumt besser geeignet als ein Brustblatt, weil das Brustblatt aufgrund des "Axthiebes" (Pfeil) und des Schulterbaus immer zu tief liegt. Würde man es höher schnallen, würde es auf die Luftröhre drücken.

Dass ein Kumtgeschirr für die Arbeit mit Pferden die erste Wahl sein soll, ist einsichtig, aber auch die Brustblattanspannung wird für mittelschwere Arbeiten eingesetzt. Je runder der Bug des Pferdes dabei ist, umso gleichmäßiger wird die gesamte Brust belastet. Pferde, die in der Brust recht knochig und eckig sind, haben ihre Hauptbelastung an den jeweiligen Brustseiten. Wenn es auch nicht zu Druck und gesundheitlichen Problemen führt, so ist die Freiheit der Schultergliedmaße aber eingeschränkt und das Pferd zeigt einen kurzen Schritt. Meist versteift sich dadurch die Rückenmuskulatur und das Pferd wird über kurz oder lang in seiner Zugleistung nachlassen.

Beim Turnier-Fahrpferd wünscht man sich daneben natürlich auch die gleichen Eigenschaften, wie sie ein gutes Dressurpferd besitzt: schöne, raumgreifende Gänge, einen schwebenden Trab, die Fähigkeit zur Beizäumung und so weiter. Beim Freizeit-Fahrpferd sind diese Punkte nicht von Belang.

Mindestens genauso wichtig, wenn nicht noch wichtiger aber ist ein intensiver Blick auf das Gemüt des Pferdes, das so genannte

Interieur

Das Pferd soll ruhig, ausgeglichen und von sanftem, ruhigem Gemüt sein. Zumindest, wenn Sie an ein gemütliches Freizeitfahren denken. Für einen Marathon-Wettkampf benötigen Sie natürlich ein Pferd mit etwas spritzigerem Temperament, das aber trotz allen Feuers eines ganz bestimmt immer sein muss: mutig und nervenstark.

Diese beiden Voraussetzungen muss einfach jedes Fahrpferd erfüllen. Mutig, weil es auch in ihm unbekannten Situationen einfach ohne großes Zögern vorangehen muss, und nervenstark, um auch in Krisensituationen nie kopflos zu reagieren oder sich bei einer flotten Geländefahrt so aufzuheizen, dass eine Kontrolle immer schwieriger wird.

Fallen Sie nicht dem Irrtum anheim, dass man nur ein Pferd einer als besonders "ruhig" beworbenen Rasse kaufen müsse, und alles andere gehe dann wie von selbst. Natürlich gibt es rassebedingte Temperamentsunterschiede, aber niemals lassen sich alle Vertreter einer Rasse über einen Kamm scheren! Es gibt coole Vollblüter genauso wie spinnerte Norweger. Und das von Natur aus mit dem ruhigsten Temperament ausgestattete Pferd ist noch lange nicht automatisch ein Fahrpferd. Es benötigt eine vernünftige Ausbildung und dann auch eine vernünftige Haltung bzw. Arbeitsauslastung, wenn es so ruhig bleiben soll. Sperren Sie mal einen belgischen Kaltblüter in eine Box, lassen Sie ihn

Ein Fahrpferd muss gelassen sein - das ist nicht immer eine Frage der Rasse!

darin eine Woche lang stehen, füttern kräftig Hafer und spannen dann am nächsten Sonntag an. Sie werden sich wundern!

Und was ist mit Haflingern?

Einige Pferderassen, wie z.B. der Haflinger, sind, soll man den vielen Züchtern und Händlern glauben, ja schon fast mit dem genetischen Merkmal zum Kutscheziehen geboren. Ich will nicht widersprechen, dass vor allem die Gebirgspferderassen für den Freizeitfahrer ganz besonders geeignet sind, aber trifft das auf die große Zahl der hier angebotenen Haflinger noch zu? Die meisten Haflinger haben mit den originalen Tiroler Haflingern, auf welche die Bezeichnung "Gebirgspferd" noch voll zutrifft, nur noch recht wenig gemein. Ihr Habitus ist schmaler geworden, der Kopf edler, nur noch die Farbe ist gleich geblieben. Viele dieser Pferd haben zwar die wohlbekannte Sturheit ihrer Urahnen behalten, aber die Ruhe und Ausgeglichenheit in kritischen Situationen ging verloren. Wohlgemerkt: viele - nicht alle!

Moderne Warmblüter

Auch wenn mich so mancher Züchter oder Besitzer von Warmblütern gleich am liebsten verhauen will: Ich kenne nur wenige Warmblutpferde, die wirklich für den Fahranfänger taugen. Warmblüter sind in den letzten Jahrzehnten sehr selektiv mit dem Zuchtziel eines stets leistungsfähigen Sportpferdes gezüchtet worden. Die Ergebnisse im großen Sport zeigen eindrucksvoll, mit welcher Bravour dieses Ziel der deutschen Pferdezucht erreicht worden ist. Aber viele dieser im Spring-, Vielseitigkeits-, und Dressursport absolut notwendigen Eigenschaften der Pferde sind für den Freizeitfahrer weder notwendig oder wünschenswert, noch kann der Fahranfänger daraus erwachsende Probleme bewältigen. Es verdirbt einem komplett die gute Laune, wenn man nach der Ausfahrt schweißgebadet darüber nachdenken muss, was in der einen Situation hätte passieren können, oder dass man hier und da wieder Glück gehabt hat. In zu vielen Fällen ist das Ergebnis, dass die zukünftigen Fahrroutiniers, wenn Sie nun immer Glück gehabt haben, diese Nervenbelastung irgendwann nicht mehr haben wollen, aufhören oder durch ihren ständigen Pferdewechsel einen Händler reich machen. Für mich sollte es aber so sein, dass ein Pferd nicht wie ein Gebrauchtwagen gesehen wird und als Handelsobjekt von einer Hand zur anderen geht.

Sie können natürlich auch Glück haben: ältere, erfahrene und völlig sicher zu fahrende Warmblüter gibt es auch; leider werden aber solche Pferde nur selten verkauft, (ganz verständlich, oder?) und wenn sie von einem Händler angeboten werden, sind sie leider sehr oft krank. Wenn diese Pferde brav und gesund sind, werden Sie es mit absoluter Sicherheit am Kaufpreis, der Ihnen mitgeteilt wird, erkennen können.

Sollten Sie aller widrigen Umstände zum Trotz ein solches Pferd erwischen, schlagen Sie zu. Wenn für das Reiten gilt, junger Reiter altes Pferd und umgekehrt, so trifft dies auf das Fahren ganz besonders zu.

Das Idealpferd ist für jeden anders

Es gibt also keine ideale Rasse für den Anfänger im Freizeitfahren (wenngleich ich im privaten Kreis das Mérenspferd gerne genau zu diesem erklären würde).

Das Pferd muss zu Ihnen passen, das heißt, es darf nicht nur in seinem Können und Verhalten für Sie richtig sein, sondern es muss auch in seiner äußeren Erscheinung, in seinem Typ sehr dicht an *Ihr* Schönheitsideal herankommen.

Beim Freizeitgenossen, mit dem man (so hoffe ich) doch sehr viel Freizeit verbringen wird, gehört auch diese Sympathie dazu.

Wie man ein Fahrpferd kauft

Sie müssen also Ihr Pferd finden. Wenn Sie glauben, es gefunden zu haben, dann *müssen* Sie es auch probieren. Zu oft erlebe ich, dass der noch etwas schüchterne Anfänger im Fahren sich das Pferd vom "Profi" vor der Kutsche zeigen lässt oder auf der Kutsche mitfährt. Der seriöse Händler und Züchter bietet mit Sicherheit die Möglichkeit, das Pferdchen auch einmal selber zu fahren: Und was machen die schüchternen Käufer? Sie lehnen das Angebot ab und erklären, dass sie ja gesehen haben, wie das Pferd den Wagen zieht. Viele haben ganz einfach Angst, sich in dieser Situation zu blamieren oder befürchten, der Züchter könne sagen, dass er ihnen das Pferd nicht verkaufen kann! Wenn Sie mit dem Pferd in Anwesenheit des Noch-Besitzers nicht zurecht kämen, dann wäre es vielleicht auch besser, Sie würden es (noch) nicht kaufen. Ersparen Sie sich eine böse Überraschung zuhause und machen Sie alles selbst. Holen Sie das Pferd von der Koppel, "ziehen Sie es an", spannen Sie an (so sehen Sie auch, wie der Besitzer des Pferdes es seinem Tier beigebracht hat) und fahren *Sie selbst*.

Wenn Sie schon ein Pferd haben
Für viele von Ihnen ist die Neuanschaffung eines Pferdes vielleicht kein Thema, denn Sie sind schon stolzer Besitzer von Pferden, die nun nur noch "eingefahren" werden müssen.

Wenn Sie schon ein Pferdchen haben, das als ein besonders nettes bezeichnet werden kann, was die Arbeit unter dem Sattel betrifft, so haben Sie gute Chancen, dass dieses

Die Eignung ist keine Frage der Rasse. Auch ein Isländer kann ein prima Fahrpferd sein.

Pferd auch zu einem guten Fahrpferd werden kann!

Viele Pferde lassen schon sehr früh in der Ausbildung erkennen, ob sie geeignet sind oder ob man die viele Mühe und auch das gute Geld besser in ein weiteres Pferd investieren sollte. Ist das Pferd unter dem Sattel im Gelände als zuverlässig zu bezeichnen? Kann es länger als ein paar Sekunden stillstehen? Klebt es, oder kann es sich klaglos auch von anderen Pferden weg bewegen? Ist es schnell aus der Ruhe zu bringen oder eher geneigt, sich Furcht erregende Gegenstände erst einmal näher anzusehen? Ist es verkehrssicher?

Bei vielen Freizeit- und Westernreitern schon lange üblich, den meisten "englischen" Reitern eher neu ist die intensive Bodenarbeit mit dem Pferd. Nichts ist besser geeignet als intensive Vorbereitung zum Fahren.

Gemeint ist damit nicht, das Pferd an der Longe im Kreis um sich herumtraben zu lassen, sondern es an der Hand an alle möglichen Aufgaben heranzuführen: an fächerförmig ausgelegte Stangen, an Plastikplanen, an flatternde Bänder, an quietschgelbe Regenmäntel und so weiter. Bei dieser Art von Arbeit stellt sich (wenn man sie richtig anfängt) dann recht schnell heraus, ob das betreffende Pferd von seinem Interieur her in der Lage ist, neue Situationen gut zu verarbeiten oder nicht. Die eigentliche Fahrausbildung überlassen Sie dann anschließend lieber einem Profi!

Bodenarbeit ist ein wesentlicher Bestandteil der Ausbildung.

Ihr Pferd muss für das Fahren ein Gemütsathlet sein. Ein aus dem Gebüsch aufgeschrecktes und herausfliegendes Vögelchen darf für Ihr Pferdchen keine sich anbahnende Katastrophe signalisieren. Wenn doch, haben Sie diese Katastrophe auch.

Das Pferd springt zur Seite, die Kutsche nicht und auch nicht die Schere; Ihre Chance auf einen sehr zügigen, wenn auch ungewollten Galopp ist nun recht groß.

Der Einfluss der Haltung

Immer wieder hören wir von braven und netten Pferden, die diese dumme Eigenart der Fluchttiere zeigen; und meist sind es die Kameraden aus den Boxen.

In einer Box hat das Pferd vielleicht für das Verständnis einiger Menschen ein sorgenfreies und behütetes Leben, aber die Haltung unter solch reizarmen und isolierten Verhältnissen lässt die Akzeptanz für in der Natur vorkommende Dinge dramatisch sinken. Für diese Pferde wird das Knacken eines Astes zur gefährlichen Bedrohung (in dem Fall für Sie auch). Selbst wenn nur die Gefahr einer solchen Entwicklung der Pferdepsyche besteht - ich riskiere das nicht!

Die wichtigsten Punkte

Fassen wir zusammen: das ideale Fahrpferd hat von seiner Veranlagung her keine besonderen Temperamentsprobleme, ist eher ruhig veranlagt, nervenstark, selbstbewusst und ist durch seine Haltung und den Umgang ausgeglichen. Es hat alle möglichen Gelände- und Verkehrssituationen schon kennen gelernt und reagiert darauf gelassen.

"Was Hänschen nicht lernt..."

Sicher ist Ihnen dieses Sprichwort geläufig, und wenn ich mir die Namen vieler Zugpferde in den bäuerlichen Ställen betrachte, bin ich eigentlich ganz sicher, dass sich dieses alte Sprichwort genau auf das Einfahren eines älteren Pferdes bezieht. Auch unter dem Sattel brave, an der Hand folgsame und bei der Bodenarbeit kooperative Pferde tun sich manchmal bei der neuen und völlig anderen Belastung des Kutscheziehens sehr schwer.

Dass Sie hier nichts erzwingen können, muss ich Ihnen nicht sagen, möchte aber einen erfahrenen Ausbilder von Fahrpferden zitieren: Er sagte mir einmal, dass der zur Ausbildung notwendige Stallwechsel eine große Chance ist. Das Pferd ist im neuen Stall schüchtern und wird sich sehr schnell der neuen Bezugsperson anschließen. Es ist in dieser Umstellungsphase offen und aufnahmefähig für Neues. Sie werden also bei der auswärtigen Ausbildung sicherlich mehr erreichen können, als dies bei Ihnen zuhause möglich erscheint.

Fahren lernt man nur durch Fahren

Wenn das Pferd nach vier, sechs oder acht Wochen Ausbildung wieder zu Ihnen nach Hause kommt, sind Sie erst einen kleinen Schritt auf dem Weg der Fahrausbildung gegangen. Wenn Sie die nächsten *Monate* nicht in ganz ähnlicher Intensität weiter mit Ihrem Pferd fahren und arbeiten können, dann werden Sie kein sicheres Fahrpferd in Ihrem Stall stehen haben.

Wenn Sie wissen, dass Sie nach Rückkehr des Pferdes aus dem Ausbildungsstall nicht zumindest viermal in der Woche fahren können und zwei- bis dreimal zusätzlich am Boden mit dem Pferd arbeiten können, dann sollten Sie die Ausbildung lieber noch etwas verschieben.

Die artgerechte Haltung in der Gruppe und mit viel Auslauf trägt entscheidend zur Ausgeglichenheit Ihres Pferdes bei.

Die Kutsche für den Fahranfänger

Das ist nicht umsonst ein Kapitel für sich. Wer will schon zu einem Zeitpunkt, wo er noch gar nicht weiß, ob er wirklich langfristig beim Fahren bleiben will, einige tausend Euro für eine Kutsche hinblättern. Ein paar Dinge sollten Sie, bevor Sie das Anzeigenblättchen schnappen und die Anzeigen wälzen, wissen und hoffentlich auch beachten. Auch werden Sie mit allen möglichen Begriffen konfrontiert werden, die ich hier am Anfang kurz zusammenstellen will.

Was in aller Welt sind Bracken, und wo ist hier die Schere?

Sie können vierrädrige Kutschen mit Ein- und Zweispännerausstattung bekommen. Für die Einspännerausstattung werden die Begriffe *Schere* und *Gabel* verwendet. Auch wenn sie in der Umgangssprache oft durcheinandergeworfen werden, bezeichnen diese beiden Begriffe etwas Unterschiedliches. Bei der Schere sind die beiden Metallstangen voneinander unabhängig zu bewegen, bei der Gabel sind diese fest miteinander verbunden und starr. Bei der Schere kann man also eine Hälfte hochklappen. Die Seitenteile bei der Gabel oder Schere bezeichnet man als *Anzen*.

Das so genannte *Ortscheit* ist in der Mitte gelagert, beweglich und dient zur Aufnahme der Zugstränge. Für den Zweispänner wird die Gabel/Schere durch die *Deichsel* ersetzt. Am vorderen Ende der Deichsel ist entweder die Deichselbrille zur Aufnahme der Aufhalteketten oder -riemen, oder das Deichseljoch.

Die Konstruktion der Ortscheitbefestigung kann bei der Zweispännerausführung variieren. Bei vielen Kutschen ist die Befestigung der Zugstränge an den "festen Bracken"

Bei der Schere sind, im Gegensatz zur Gabel, die Seitenteile frei und unabhängig voneinander beweglich.

Standard. Dabei sind die beiden Ortscheite fest mit dem Kutschenkorpus verbunden. Bei einigen Modellen ist diese feste Verbindung durch einen Bolzen erreicht. Wird der Bolzen gezogen, dann wird aus den "festen Bracken" die "Spielwaage".

Eine dritte, bei vielen Kutschen mögliche Anspannung funktioniert über die sogenannten Docken. Während das Ortscheit sich bewegen kann und die Schulterbewegung des Pferdes mitmachen kann, ist die Anbringung der Zugstränge an den Docken starr. Die Anspannung mit den Docken darf deshalb nur in Kombination mit einem Kumtgeschirr verwendet werden. Sie eignet sich auch nur für den leichteren Zug.

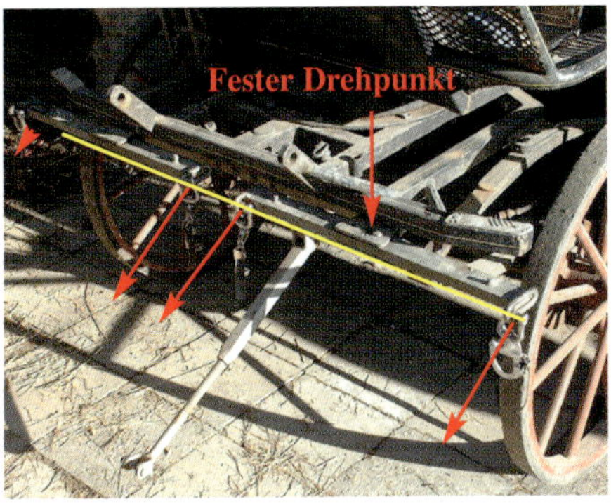

"Feste Bracken": Die beiden Ortscheite können sich nicht gegeneinander vor- und zurückbewegen.

Wird dieser Stift gezogen, verwandelt sich die feste Bracke in eine Spielwaage.

Spielwaage: Beide Ortscheite sind unabhängig voneinander beweglich.

"Docken" (Pfeil): Bei Befestigung hier ist die Anbringung starr.

Beim Zweispänner stehen die Pferde an der Deichsel. Die Aufhalter (Pfeil) laufen zu einem Ring im Brustblatt-

- oder wie hier zu Halsriemen. Nach Achenbach unmöglich - aber in der Landwirtschaft bewährt.

Dies hier ist ein so genanntes Deichseljoch. Es macht Aufhalteriemen überflüssig.

Auch eine Lösung: Bei diesem Sieltec-Geschirr aus Kunststoff ersetzt ein Patenthaken den Ring im Brustblatt.

Kutschenmodelle

Marathonwagen

Er sieht stabil aus, ist geländegängig, auf im Fernsehen übertragenen Wettkämpfen galoppieren die Pferde mit einem Wagen dieser Bauart hinter sich durch die engsten Hindernisse - und er ist die schlechteste Wahl für den Anfänger. Marathonwagen sind Sportgeräte. Der Fahrer sitzt bei den meisten Modellen direkt über oder nur ganz wenig hinter der Vorderachse. Bei dieser Konstruktion ist es einfach, durch gezielten Einsatz der Vorderbremse den Wagen auf der Hinterachse leicht zu machen. Der Mitfahrer kann dann durch gezielte Links- und Rechtsbewegungen die hintere Spur versetzen und das Anstoßen im Hindernis vermeiden. Der Marathonwagen kippt so schnell um wie kein anderes Modell, wenngleich die neuen Modelle in dieser Hinsicht deutlich verbessert worden. Das ungeübte Bremsen mit der Vorderachse in einer Kurve reicht zum abrupten Kippen völlig aus. Der Marathonwagen kündigt das bevorstehende Kippen auch nicht an, er kippt einfach und erwischt den blass gewordenen Fahranfänger kalt. Welchem Pferd und Fahrer das am Anfang passiert, der verabschiedet sich noch vor dem Beginn von seiner Fahrerkarriere.

Der Marathonwagen ist ein echtes Sportgerät, das für rasante Geländefahrten mit Beifahrer konstruiert ist und nicht für den Fahranfänger taugt.

Buggy

Meiner Ansicht nach sind Buggys für den Anfänger prima geeignet. Moderne Konstruktionen sind in der Regel leicht, durch den günstigeren Schwerpunkt sind sie gutmütig im Fahrverhalten, und auch wenn man sich für einen neuen Wagen entscheidet, sind sie für jedermann erschwinglich.

Man muss bei der Bezeichnung Buggy aber aufpassen, denn wie bei vielen Modellen ist die Varianz der Ausführungen riesengroß. Immer wieder gibt es Angebote von amerikanischen Buggys. Diese auf ebenen Wegen bequemen Wagen haben sehr große Spurweiten und sowohl vorne als auch hinten recht große Räder. Leider lässt die Konstruktion das Einschlagen des Vorderbaus meist nicht zu, so dass ein solcher Buggy einen riesigen Wendekreis hat. Er ist für das deutsche Wegenetz völlig ungeeignet. Einige Buggymodelle sind nahezu als gefährlich zu bezeichnen! Diese oft mit Drahtspeichenrädern gebauten Modelle haben eine recht schmale Spur, meist 1,20 m bis 1,28 m. Dazu ist der Aufbau des Kutschbockes recht hoch, und wenn Sie mit einem solchen Wagen eine scharfe Wendung fahren wollen, braucht es schon fast Glück, wenn alle vier Räder auf dem Boden

Dieser leichte Buggy ist ideal für das Freizeitfahren geeignet: Er ist sehr leicht, geländegängig, wendig und sicher. Sogar zwei Freunde können mitfahren.

bleiben. Ist der Untergrund auch noch uneben, kippen Sie um. Die Geländegängigkeit eines Buggys ist im wesentlichen durch die Spurweite und die Höhe des Schwerpunktes bestimmt. Diese leichten Wagen kommen sehr oft mit nur einer gebremsten Achse aus. Das Argument vieler so genannter Experten gegen diese Wagen ist der nach meinem Dafürhalten größte Vorteil, nämlich das geringe Gewicht. Ich bezweifle doch sehr, dass man heftige Pferde mit dem Gewicht der Kutsche ausbremsen kann... die ziehen auch Wagen, die ein vielfaches ihres Köpergewichtes wiegen, noch mit blockierten Rädern!

Gig

Zweirädrige Wagen (Gigs) sind nicht jedermanns Geschmack. Ich persönlich finde sie toll. Gute Konstruktionen sind von der Spur etwas breiter als die vierrädrigen Wagen. Wenn eine Gig zu stark die Rückenbewegung des Pferdes im Trab mitmacht, nickt der Wagen. Ich fahre eine historische Gig, bei der sich die Rückenbewegung im Trab nie auf den Wagen überträgt. Eine Gig sollte möglichst viele Einstellmöglichkeiten haben. Die Anzen müssen von der Länge passen und sie sollten in der Höhe so einstellbar sein, dass bei in die Lederschlaufen eingeführter Anze die Sitzbank der Gig waagerecht steht.

Diese historische Gig stammt aus den USA und ist über einhundert Jahre alt. Ihr Fahrkomfort ist auch heute noch überzeugend!

Diese Gig ist falsch eingestellt: Sie kippelt nach hinten und zieht das Pferd über den Bauchgurt nach oben.

Nicht nur, dass eine nicht passende oder falsch eingestellte Gig stark "nickt", also bei jedem Trabschritt auf- und abwippt, sie behindert das Pferd auch ganz erheblich. Entweder steigt der Druck auf den Rücken an, wenn die Gig zu groß für das Pferd ist, oder die Gig hebt das Pferd an. Man kann nur von Glück reden, wenn das Pferd dann so brav ist wie oben im Bild!

Andere zweirädrige Wagen

Es gibt im Bereich zweirädriger Wagen einige recht interessante und vielversprechende Neukonstruktionen. So gibt es von der Firma Schmitt aus Herdwangen eine zerlegbare Gig.

Diese Kutsche ist so konstruiert, dass man sie neben das Pferd in den Doppelhänger stellen kann. Eine noch günstigere Alternative wäre natürlich ein Sulky. Sulkys kommen ursprünglich von der Trabrennbahn. Die sehr leichten und für den Alltag nicht tauglichen Einachser wurden aber mittlerweile von vielen Firmen zur Alltagstauglichkeit weiterwickelt. So gibt es inzwischen nur 50 - 60 kg wiegende Sulkys, die mit Blattfedern gefedert und mit Moped- oder Fahrrad-Backenbremsen zu verzögern sind. Man kann darüber diskutieren, ob bei einem so leichten Wagen eine Bremse nötig ist, aber wer im Bergigen wohnt, wird sie schätzen lernen.

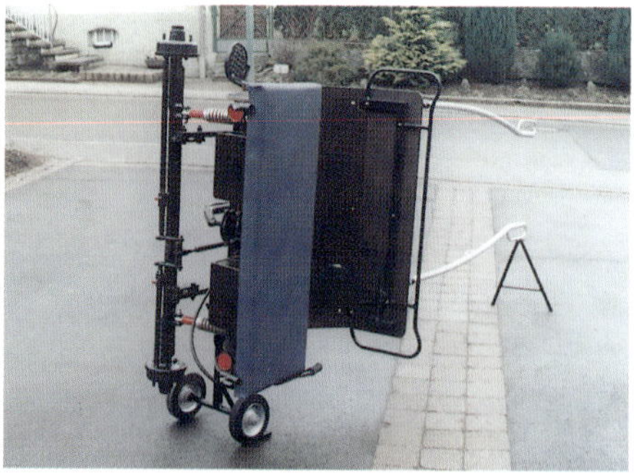

Klappbare Gig, die sich leicht im Hänger neben dem Pferd transportieren lässt.

Einachser mit zwei Scheibenbremsen und verstellbarem Sitz.

Einachser mit verbundenen Anzen zur besseren Stabilität.

Für diesen Wagen kann man sich auf Wunsch auch eine Anbringung für seinen Pferdehänger bauen lassen.

Bitte beachten Sie aber die zulässige Stützlast Ihres Autos. Mit schönen Packtaschen versehen ist so ein Wagen mit Sicherheit die richtige Wahl für den Freizeitfahrer, der auch einmal fremdes Gelände am Sonntag Nachmittag erkunden will.

Manche Einachswagen fürs Gelände haben auch eine Gabel, die hinten noch einmal miteinander verbunden ist. Dadurch wird die Steifigkeit der Anzen verbessert und gleichzeitig verhindert, dass das Pferd zu dicht am Wagen angespannt wird. Das Ganze muss natürlich so bemessen sein, dass der Abstand zwischen Pferd und Wagen andererseits nicht zu groß wird.

Dies ist ein der so genannten "Gazelle" nachempfundener Eigenbau mit Einzelradaufhängung. Lassen Sie sich bei Eigenbauten nie von schöner Optik blenden, sondern prüfen Sie sehr genau, ob hier fachgerecht und sicher gebaut oder heim-werkermäßig gebastelt wurde.

Wagonette

Wagonetten sind bei den Freizeitfahrern sehr beliebt. Die meisten Wagen haben sechs Sitzplätze oder sogar mehr, sind elegant anzusehen und durch die Luftbereifung komfortabel auf allen Untergründen zu fahren. Durch das höhere Gewicht des Wagens und die größere Transportkapazität brauchen Sie aber ein schweres Pferd, um diesen Wagen auch nutzen zu können. Aus diesem Grund wird dieser Wagen fast immer zweispännig gefahren.

Einige Hersteller bieten für die Wagonette auch ein Planendach als Zubehör. So ausgestattet, ist eine Wagonette auch ideal für mehrtägige Fahrten oder als Trossfahrzeug bei einem Wanderritt.

Eine Wagonette, hier mit Kumtanspannung gefahren.

Stilkutschen

Der Erwerb einer solchen Kutsche ist oft rational nicht ganz nachvollziehbar. Wer sich für eine historische Kutsche oder einen neuen Nachbau so einer Holzkutsche entscheidet, handelt nicht nach Verstand, sondern nach seinem Herzen. Solche Kutschen sind, wenn man sie als Gebrauchskutsche verwendet, sehr arbeitsintensiv. Egal ob neu oder restauriert, nach jeder Fahrt gilt es sie erneut zu putzen, damit sie ihren Charme und Glanz behalten. Wenn man nicht fährt, stauben sie ein und müssen auch gepflegt und gewartet werden. Aber lassen Sie sich nicht abschrecken: Ich selber habe so ein historisches Schätzchen, benutze es, und genieße jeden Tag den Anblick der wunderbaren Pracht aus Holz und Metall.

Welche Kutsche?

Der Wagen muss vom Gewicht und seiner Größe zum Pferd passen, und er muss ein Mindestmaß an Technik (die auch funktioniert) haben. Nicht alle Kutschentypen sind für den Anfänger geeignet.

Gehen wir mal von einem kräftigen Haflinger aus. Der hat seine 145 cm Stockmaß und wird etwa 500 kg wiegen. Da die meisten von uns zumindest ab und zu mal einen Hügel rauf- oder den selben auch hinunter fahren müssen, sollte das Gesamtgewicht des Gefährtes nach Lehrbuchmeinung 500 kg nicht überschreiten.

Da die meisten von uns aber Freizeitfahrer sind, sitzen wir nicht jeden Tag auf unserem Wagen. Auch wenn das Pferd jeden Tag geritten würde, so ist die für das Ziehen gebrauchte Muskulatur nicht optimal trainiert. Deshalb ziehe ich 10% ab und es bleiben 450 kg. Da jeder Fahrer irgendwann einmal Onkel und Tante, Eltern oder Schwiegereltern auf eine Ausfahrt am Sonntag mitnehmen darf, ist es sicherlich richtig, auf einen Transport von vier Personen zu schielen. Der Durchschnittswert von 80 kg pro Nase haut immer ganz gut hin, so dass wir nur für die Personen bei 320 kg liegen. Es bleiben also maximal 130 kg für die Kutsche, wenn alle vier Personen am Hang auf dem Wagen sitzen bleiben wollten. Kutschen, die in der Gewichtsklasse bis 130 kg zu bekommen sind, nicht Sulky heißen und nur für eine Person konzipiert wurden, sind auf dem Markt rar.

Viele Eigenbauten sind sehr schwer, vor allem die Konstruktionen mit Autoachsen. Oft sind sie schlecht durchdacht, haben massive Konstruktionsfehler, sind nicht ausreichend stabil, obwohl ihr Anblick das Gegenteil vermuten lässt oder sind schlecht verarbeitet. Wenn der Eigenbau von einem Handwerker angefertigt wurde, zeigt meine Erfahrung, dass die erstellten Wagen oft zu schwer und mit einer schlechten Wagengeometrie konstruiert wurden. Der Schwachpunkt vieler Konstruktionen ist die scharfe Wendung oder Kehrtwendung. Wenn die Vorderachse senkrecht zum Wagen steht, neigen schlechte Wagen zum Kippen. Sie als Fahranfänger sollten sehr zurückhaltend beim Erwerb eines Eigenbaus sein. So mancher Fahrfuchs vertut sich hier noch bei der Beurteilung, ob der Eigenbau auch wirklich pferdegerecht und sicher ist.

Mit einem Eigengewicht um die 200 kg können Sie schon recht manierliche Gebrauchtwagen von professionellen Herstellern bekommen.

Investieren Sie die Mühe und fahren Sie mit dem Wägelchen vor dem Kauf auf die Waage. Diesen Weg können sie sich mit einem Planwagen sparen, wenn sie nicht gerade im Flach-

Eigenbauten entsprechen nur selten allen Anforderungen an Sicherheit und Passform. Diese Kutsche wurde für Shettys gebaut - die Anbringung des Ortscheites und der Gabel ist viel zu niedrig für den Norweger.

land wohnen. Diese Wagen sind für einen Einspänner zumindest im Hügeligen zu schwer.

Ohne Bremse nie!

Die Technik, die jeder Wagen heute haben muss, ist eine mit den Füßen zu bedienende Bremse. Selbstbauten mit modifizierten Auto- oder Motorrad-Trommelbremsen funktionieren unter einer Kutsche meist nur kurze Zeit. Die Bremsbeläge und die Trommel bekommen bei einer längeren Bergabfahrt unerhört hohe Temperaturen. Beim Auto bekannt kommt es dann zum so genannten Bremsfading: Die Bremswirkung lässt nach, weil sich die Trommel "vergrößert". Anders als beim Auto wird die Bremse aber im Anschluss nicht wieder durch den Fahrtwind ausreichend gekühlt. Die Bremsbeläge verhärten, werden glashart und taugen nach kurzer Zeit kaum noch zum Bremsen. Besser sind Kutschen mit Scheibenbremsen. Für die Kutsche speziell gefertigte Modelle sind natürlich besser als von Auto- oder Motorradtechnik modifizierte, aber trotzdem, achten Sie auf Scheibenbremsen.

Ein moderner Pferdewagen sollte zwei unabhängig voneinander funktionierende Bremsen für Vorder- und Hinterachse haben. Vor allem bei den leichteren und kleineren Kutschen verzichten viele Hersteller auf eine zweite Bremse. An vielen dieser Wagen wird man nur eine gebremste Hinterachse finden. Bei solchen Wagen kann ich dem Fahrer nur anraten, zusätzlich ein Hintergeschirr anzulegen. So kann das Pferd in Notsituationen (und nur dann) den Wagen am Hang abbremsen.

Wenn Sie ein gebrauchtes Auto kaufen, dann haben Sie zumindest die Möglichkeit, über den TÜV-Bericht einen Eindruck von der aktuellen Verkehrsicherheit des Fahrzeugs zu bekommen. Bei Kutschen hat sich die Prüfung nach den Richtlinien von TÜV und DEKRA noch nicht durchgesetzt. Nicht einmal alle Hersteller von Neufahrzeugen lassen ihre Modelle überprüfen. Beim Fachhändler gebraucht gekaufte Kutschen geben Ihnen aber zumindest eine Sicherheit aus den geänderten Haftungsrichtlinien für den Händler. Und noch ein wichtiger Punkt: Wenn Sie beim Fachhändler eine gebrauchte Kutsche kaufen, ist die Versorgung mit Ersatzteilen für ihre Kutsche gesichert.

Bei guten, modernen Wagen ist die Gabel oder Schere *abgefedert,* so kann sie dem Pferd auf unebenen Wegen und in schnelleren Gangarten nicht so stark und unangenehm in den Rücken schlagen.

Worauf Sie beim Kutschenkauf noch achten müssen

Wenn Sie eine Gebrauchtkutsche vom privaten Anbieter erstehen wollen, gibt es ein paar Dinge, die Sie mit einfachen Tests überprüfen können.

! Der **Drehkranz** sollte kein Spiel haben und trotzdem leichtgängig laufen.

! Die **Räder** müssen fluchten. Wenn Sie einen Zollstock am Hinterrad anlegen und die Vorderachse gerade stellen, sollte jedes Rad an 2 Stellen berührt werden.

! Bocken Sie die Kutsche auf und überprüfen Sie jedes Rad auf exakten und leichten **Rundlauf**.

! An den aufgebockten Rädern sollten Sie das Spiel der **Radlager** überprüfen. Nicht bei allen Kutschen kann man dieses Spiel nachstellen.

! Überprüfen Sie die Funktion der **Bremsen**. Das Bremspedal sollte sich nicht bis zum Bodenblech durchtreten lassen.

! Machen Sie bei der **Bremsanlage** die Sichtkontrolle auf Undichtigkeiten.

! Schauen Sie nach den **Schmiernippeln**. Nur so können Sie überprüfen, ob die Kutsche in der Vergangenheit gewartet wurde. (Nicht alle Kutschen haben Schmiernippel. An den Achsen werden heute oft wartungsfreie Lager verwendet. Aber es gibt genug Stellen, an denen Metall auf Metall bewegt wird, also das Abschmieren nötig ist.)

! Lassen Sie sich am besten schriftlich vom Verkäufer mitteilen, wo und bei wem passende **Ersatzteile** zu beziehen sind. Es gibt nichts Ärgerlicheres als ein defektes Rad oder einen verschlissenen Bremsbelag und das tagelange Herumsuchen und Telefonieren, bis man ein passendes Teil bekommen hat.

! Bei Eigenbauten gilt erhöhte Aufmerksamkeit dem verbauten **Material**. Nicht selten sieht man hier, dass die Bastler für den Kutschenbau minderwertige Schrauben und Muttern verwenden. (Qualitätsschrauben für den Kutschenbau tragen am Kopf die Bezeichnung 5.6 oder 8.8)

! Überprüfen Sie die Qualität der **Schweißnähte**. Hier wird meist aus Unkenntnis bei den Bastlern am meisten geschludert. Sollten Sie bei dieser Beurteilung keine Erfahrung haben, rate ich dringend, einen Experten mitzunehmen oder auf den Kauf des Eigenbaus zu verzichten.

! Überprüfen Sie die gesetzmäßige Anbringung der **Reflektoren**. Die Kutsche muss an der Rückseite mit zwei runden, roten Reflektoren versehen sein. An der Seite sind je nach Länge des Wagens ein, zwei oder drei rechteckige gelbe Reflektoren vorgeschrieben. Man sieht sehr oft, dass an einer Kutsche dreieckige Reflektoren angebracht sind. Eine Kutsche gilt im Straßenverkehr aber nicht als Anhänger!

! Die **Schere/Gabel** sollte in der Länge verstellbar sein. Nur so können Sie den Wagen später optimal an Ihr Pferd anpassen. Optimal ist eine zusätzliche Federung der Gabel oder Schere und die Möglichkeit, sie auch in der Breite zu verstellen.

Bei Eigenbauten lohnt sich ein genaues Hinschauen ganz besonders. Hier ist die nachträgliche Gummierung des Speichenrades laienhaft ausgeführt.

Das kann passieren, wenn ein zweirädriger Wagen nicht ausbalanciert ist...

Besonderheiten bei zweirädrigen Wagen

Es wäre gerade bei einem Sulky fatal, einfach "von der Stange zu kaufen", denn ein zweirädriger Wagen muss dem Pferd sozusagen angepasst werden, damit er in richtiger Balance ist. Sonst könnte es Ihrem Pferd so ähnlich ergehen wie dem Eselchen oben im Bild! Wenn Sie beim Hersteller kaufen, ist es kein Problem, einen Wagen nach Ihren Maßen anfertigen zu lassen oder noch besser vom Werk her richtig einzustellen. Die Position der Sitzbank und die Länge der Gabel müssen für das Pferd passend eingestellt sein, mehr dazu lesen Sie im Abschnitt über das Anpassen von Geschirr und Wagen. Beim Kauf eines zweirädrigen Wagens ist die Information über das Stockmaß des Pferdes und seine ungefähre Breite (schwerer oder leichter Typ) besonders wichtig.

Besonderheiten bei historischen Kutschen

Viele suchen als Erstes nach einer alten, restaurierten und modernisierten Kutsche. Aus eigener leidvoller Erfahrung kann ich Ihnen nur raten, sehr auf der Hut zu sein! Viele oberflächlich betrachtet schön restaurierte Kutschen erweisen sich bei genauer Betrachtung als Groschengrab. Kutschen mit einem Alter von 80, 90 oder 100 Jahren haben mit allergrößter Sicherheit irgendwann einmal auch längere Zeit unbeachtet draußen herumgestanden. Die meisten Bauteile werden dies unbeschadet überstanden haben, aber eine Stelle ist besonders zu beachten: die Räder. Häufig findet man eine kleine Stelle, an der das Holz faul geworden ist, nämlich die, mit der die Räder auf dem Naturboden standen und Feuchtigkeit ausgesetzt waren. Solche Räder müssen ausgebessert oder besser ausgetauscht, in vielen Fällen sogar einzeln angefertigt werden. Wenn Sie die Rechnung dafür öffnen, garantiere ich Ihnen, dass Sie nach Luft schnappen.

Auch das Aufgummieren eines alten Holzrades ist eine kostenaufwändige Sache und lohnt sich nur bei hervorragend erhaltenen Rädern. Wer genügend Geduld und auch Geld hat, um einen historischen Wagen wirklich gut zu restaurieren, hat dafür ein echtes Schätzchen in der Remise.

Nehmen Sie Maß

Welche Wagengröße Sie suchen müssen? Die Hersteller machen das in der Regel ganz einfach: Sie nennen das Stockmaß des Pferdes und der Verkäufer nennt Ihnen die Radgröße (Beispiel: Pferdestockmaß 145 cm - Radgröße Durchmesser 90 cm). In seiner Modellpalette ist dann alles aufeinander abgestimmt. Gehen Sie zu einem anderen Hersteller, bekommen Sie vielleicht eine andere Bezugsangabe.

Wenn das Pferd in der Schere (Gabel) steht, sollen der Zugstrang und die Schere (Gabel) parallel, am besten sich deckend verlaufen. Der Winkel sollte bei ca. 12 Grad liegen, so heißt es oft. Diese Angabe ist aber sehr verwirrend und schlussendlich auch gar nicht aussagekräftig.

Die Rädergröße bzw. die Größe der ganzen Kutsche soll natürlich vom Verhältnis her zur Pferdegröße passen, wobei es hier in vielen Fällen erstrangig um den optischen und ästhetischen Aspekt geht.

Wichtiger für die Entscheidung, ob Sie diese Kutsche für Ihr Pferd verwenden können, ist die Höhe der Anbringung von Deichsel bzw. Schere oder Gabel, die Anbringungshöhe des/der Ortscheits/e, die Länge von Schere/Deichsel und die Breite der Ortscheite. Aber auch hier gibt es viele Variationsmöglichkeiten. Fast alle Deichseln und Scheren sind in der Länge verstellbar. Achten Sie auf dieses wichtige Detail! Bei der Schere ist die Breite in der Regel fest und sie muss für Ihr Pferd ausreichen.

Je tiefer das Ortscheit angebracht ist, umso länger muss die Schere/Deichsel sein.

Bei einigen Kutschenmodellen ist das Ortscheit bewusst sehr tief montiert: so zieht das Pferd die Kutsche nicht nur nach vorne, sondern hebt sie auch ein wenig an. Diese oft historischen Kutschen oder nach einem solchen Vorbild gebauten Wagen sind für die Fahrt auf unebenen Böden konstruiert worden, denn das Pferd verringert durch das leichte Entlasten der Vorderachse das abrupte Eindringen der Räder in tiefe Schlaglöcher.

Solche Wagen dürften in der Zweispännerausführung im Grunde nicht mit festen Bracken gefahren werden, denn nur wenn wie bei der Spielwaage der Zug auf beide Pferde wirklich gleichmäßig verteilt ist, funktioniert dieser Effekt. Bei der festen Bracke käme es immer wieder zu stärkeren Schlägen, die sich entweder direkt auf die Pferde oder aber über die Aufhalter auf das Geschirr der Pferde übertragen würden.

Bei tiefen Ortscheiten müssen die Pferde weit vor der Kutsche stehen, damit ein Anschlagen der Hinterbeine ausgeschlossen ist. Je höher das Ortscheit liegt, desto dichter kann normalerweise das Pferd an den Wagen gestellt werden.

Sehr hoch ist das Ortscheit oft an zweirädrigen Wagen angebracht. Wenn das Ortscheit nicht mehr im Bereich der Beine, sondern in Höhe der Hinterbacken liegt, besteht auch bei sehr dichtem Heranholen des Pferdes an den Wagen keine Gefahr, dass sich Ihr Pferd die Beine anschlägt.

Bei amerikanischen Buggys oder bei vielen Gigs sieht man diese Anbringung des Ortscheites, bei der der Zugstrang nahezu waagerecht nach hinten verläuft. Die gesamte Kraft des Pferdes wird in die Vorwärtsbewegung umgesetzt. Sehr groß dimensionierte Räder machen das Fahren für den Menschen bequemer und den Rollwiderstand geringer. Solche Wagen eignen sich aber nur begrenzt für schlaglochreiche Wege, weil es durch die höhere Belastung der Räder leichter zum Radbruch kommen kann.

Vor allem beim Einspänner ist das Ortscheit sehr oft mit der Schere verbunden. Wichtig bei diesen Konstruktionen ist der Abstand zwischen den beiden Bauteilen. Ist der Abstand sehr groß (und damit auch der Hebel), so wird die Schere bei jedem Schritt leicht angehoben. Besonders bei einer Gig kann dieser Konstruktionsmangel die Ruhe der Fahrt verhindern.

Bei diesem modifizierten "Governess Cart" kann das Pferd durch das hohe Ortscheit sehr dicht am Wagen angespannt werden. Keine Bauteile stören.

Nehmen Sie Platz: Der Kutschbock
Bei fast allen Kutschen befindet sich der keilförmige Kutschbock (falls es sich nicht um ein Modell mit durchgehender, gerader Sitzbank handelt) auf der rechten Seite. Aus diesem Grunde besteht nach dem Achenbach'schen System die Notwendigkeit, Rechts- und Linkswendungen unterschiedlich zu fahren - denn man sitzt ja nicht direkt hinter dem Pferd (oder den Pferden), weshalb der Wendekreis, den Ihre Fahrleine bei einer Wendung macht, ein anderer ist als der Ihres Pferdes. Und wozu das Ganze?

Die Antwort ist so simpel wie erstaunlich: Weil in England Linksverkehr herrscht! Der rechts sitzende Fahrer hatte so den besten Überblick auf den Verkehr - in englischen Autos ist ja auch das Lenkrad rechts. Und da Herr von Achenbach den englischen Fahrstil als Vorbild für sein System nahm, ist auch bei ihm der Kutschbock rechts.

Sinnvoll wäre es also gewesen, den Bock nach links zu verlegen. Warum bis heute niemand auf diese Idee gekommen ist, lässt sich wohl nur mit einer Zementierung der Tradition erklären. Da wir als Freizeitfahrer uns aber nicht hauptsächlich im Straßenverkehr bewegen, ist der praktischste Platz für uns direkt hinter dem Pferd. Vergessen Sie also den komplizierten Unterschied zwischen Rechts- und Linkswendungen und setzen Sie sich in die Mitte! Einige Hersteller bieten inzwischen auch verschiebbare Sitze an. Der sichere und bequeme Sitz ist Voraussetzung für sichere und kontrollierte Leinenführung; nur so können unbeabsichtigte Handbewegungen und Ermüdung vermieden werden.

Traditionell, aber unpraktisch: Der Fahrerplatz ist rechts.

Praxisnäher: Der Fahrerplatz ist in der Mitte.

Das Geschirr für den Freizeitfahrer

So viele Riemen...?
Bevor wir über Einzelheiten reden, muss Ihnen zunächst einmal die Bezeichnung der einzelnen Geschirrteile klar sein.

Beginnen wir deshalb mit dem Sortieren der Riemen beim für uns interessantesten, dem **Einspänner-Brustblattgeschirr:**

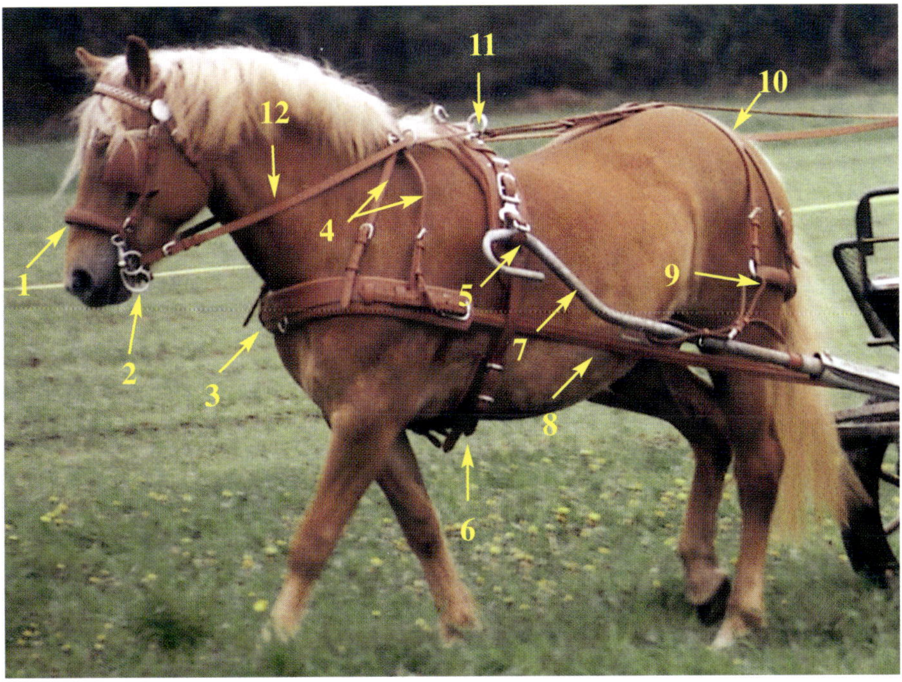

1) Kopfstück
2) Postkandare
3) Brustblatt
4) Halskoppelriemen
5) Trageösen
6) Bauchgurt (großer und kleiner)
7) Schere/Gabel
8) Zugstrang
9) Hintergeschirr
10) Schweifriemen
11) Selett
12) Fahrleine

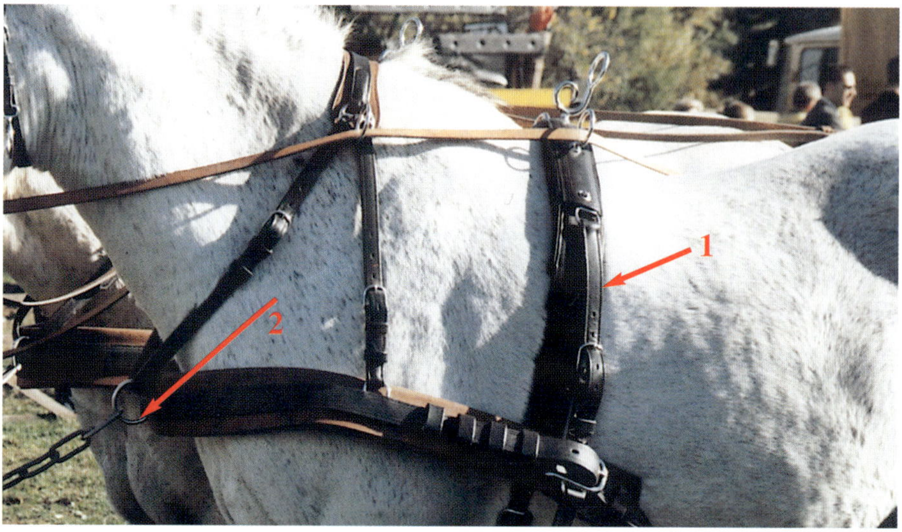

Beim Zweispänner heißt das "Selett" Kammdeckel. Über die "Oberblattstrupfe" (1) wird er, im Unterschied zum Einspänner, fest mit dem Brustblatt verbunden. Das Hintergeschirr kann wegfallen; die Brustblätter haben je einen "Aufhaltering"(2) , über den die Pferde mit der Deichsel verbunden sind.

Eine Kumtanspannung, hier im bäuerlichen Stil und mit zusätzlichen Unterlegkumts aus Filz.

Das Marathonkumt ist eine "Kreuzung" zwischen Brustblatt und Kumt.

Das Kopfstück

Dies hier ist ein solides und brauchbares Kopfstück zum Fahren. Ganz wichtig ist, dass die Lederriemen, welche die Scheuklappen auseinanderhalten (Pfeile), mit Metall verstärkt sind wie hier. Wenn an dieser Stelle nur einfache Lederriemen sind wie im unteren Bild, werden die Klappen nicht steif nach außen gedrückt, sondern behindern im Wimpern- und Augenbereich, weil sie beweglich sind. Empfindliche Pferde werden zu Recht rebellieren. Sie werden nicht nur kopfscheu, sie werden die ganze Fahrerei irgendwann ablehnen, wobei Ihnen im Anschluss dasselbe passieren wird.

Weshalb beim Fahrkopfstück der Nasenriemen durch die Backenstücke verläuft? Ganz einfach, er fixiert die Backenstücke und damit die an ihnen befestigten Scheuklappen, denn ansonsten würden sich die Backenstücke bei jedem Leinenanzug (zumindest bei Kandarenzäumung) nach vorn bewegen und die Klappen mitziehen.

Auf dem Bild unten ist ein gut sitzender Fahrzaum auf dem Pferdekopf zu sehen. Für den richtigen Sitz ist die Lage der Klappen über dem Auge wichtig: Die Klappen sollen nicht mittig über dem Auge, sondern zu 2/3 unterhalb liegen.

Auf dem Bild nicht zu erkennen, aber sicherlich erwähnenswert ist ein Riemchen zwischen dem Nasenriemen und dem Kehlriemen. Bei einigen

Beim linken Pferd sind die Klappen zu hoch, dafür aber im richtigen Winkel; beim rechten Pferd stimmt die Höhe, aber sie liegen zu dicht am Auge an.

Pferden ist es nötig, für einen verbesserten Halt des Kopfstückes auf dem Kopf zu sorgen. Wie steht der Fahrer da, wenn er vielleicht aus Unerfahrenheit oder aus Träumerei zugelassen hat, dass sich sein Pferd das Fahrhalfter ausgezogen hat! Schlecht, ganz schlecht steht er da!

Die Gefahr, dass sich ein Pferd ein Kopfstück auszieht, ist beim Einspänner erheblich geringer als beim Zweispänner. Beim Zweispänner können sich die Pferde bei dieser Arbeit gegenseitig helfen oder das Pferd kann mit dem Kopf an das Deichselende gelangen und sich das Kopfstück abziehen. Dass solche Unterfangen auf Fehler des Fahrers zurückzuführen sind, ist klar, aber besonders dem Anfänger kann so etwas durchaus passieren. Die Sorge, ein möglichst gut sitzendes Kopfstück zu haben, ist also berechtigt.

Beim Einspänner ist das Problem des Abstreifens kaum vorhanden. Die Schere / Gabel ist so kurz, dass Ihr Pferd nicht heranreichen kann und es gibt auch keinen danebenstehenden vierbeinigen Helfer.

Wenn Ihr Pferd ohne Blendklappen am Kopfstück auskommt, wäre es auch denkbar, ein stabiles und hochwertiges Reitkopfstück zu verwenden. In diesem Fall brauchen Sie ja nicht mehr den durch die Backenstücke verlaufenden Nasenriemen, um die Scheuklappen in Position zu halten.

Dies hier rechts ist ein ebenfalls geeigneter, ungarischer Fahrzaum ohne Klappen und mit so genannten Schalanken zur Zierde.

In der bäuerlichen Anspannung ist es oft üblich, ein Lederhalfter zu verwenden, bei dem eine Doppelringtrense oder Kandare eingehängt wird.

Scheuklappen - ja oder nein?
Das Standardargument vieler Fahrer für ihren Einsatz ist, dass beim zweispännigen Fahren "Peitschenhilfen" gezielt für ein Pferd anwendbar sind, ohne dass das zweite Pferd dies mitbekommt.

Für mich hinkt dieses Argument ein wenig, denn Pferde besitzen ein sehr feines Gehör und registrieren auch ohne Sichtkontakt den Peitscheneinsatz am anderen Pferd.

Trotzdem kann man nicht so pauschal beantworten, ob der Einsatz der Klappen richtig oder falsch ist. Es gibt Pferde, brav und gehorsam, bei denen die Blendklappen offensichtlich nicht nur einschränkend auf den Sehradius wirken, sondern auch ganz direkt auf ihre Beine. Es gibt Pferde, die, mit Blendklappen angezogen, ihre Beine eselartig in den Boden stemmen und nicht mehr zum Loslaufen zu bewegen sind.

Andere Pferde, ebenso brav und unkompliziert, reagieren ängstlich und verschreckt, wenn man die Kutsche von hinten an sie heranzieht und sie keine Blendklappen tragen. Es wird Ihnen oft nicht anders übrig bleiben, als beide Varianten einmal zu probieren.

Ich bevorzuge die Verwendung von Blendklappen bei Pferden, wo es gut funktioniert, aus folgenden Gründen: Das Pferd ist mit ihnen meist besser in der Lage, sich auf die Stimme und die Einwirkungen des Fahrers zu konzentrieren. Ablenkungen durch grasbewachsene Seitenstreifen oder in den Weg hineinhängende grüne Äste kann manches Pferd so besser ignorieren.

Ein kleiner Nachteil der Blendklappen zeigt sich, wenn z.B. Fahrradfahrer von hinten herannahen und die Kutsche überholen.

Das Pferd bemerkt nur das Summen der Fahrradreifen, ohne andere Geräusche wahrzunehmen. Das Summen verunsichert das Pferd und es erschrickt, wenn der Radfahrer plötzlich mit hoher Geschwindigkeit und geringem Abstand das Gespann überholt. Ich gestatte in diesen Situationen dem Pferd, seinen Kopf so weit zu drehen, dass es die heranrollende "Gefahr" erkennen kann. Dies ist beim Zweispänner kaum machbar, so dass ich hier lieber ohne Klappen auskomme.

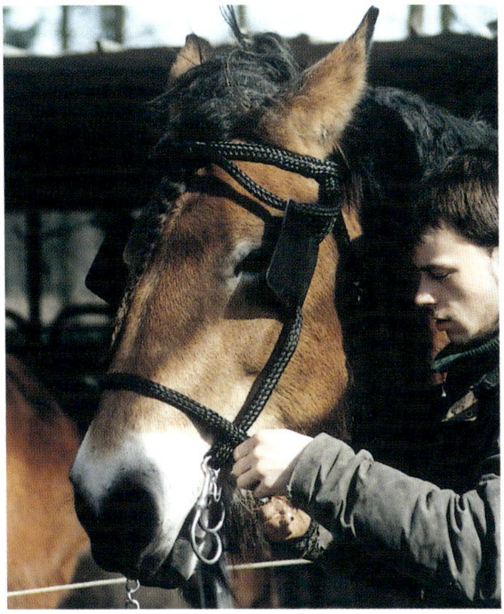

Interessante Variante: Kopfstück der Firma Sieltec aus Kunststoff-Hohlseil; seine großen Vorteile sind geringes Gewicht und Pflegeleichtigkeit. Auch hier haben die Klappen genügend Abstand zum Auge.

Ein wichtiges Argument, ob Klappen verwendet werden, ist auch die Gewöhnung des Pferdes durch seine Ausbildung. Viele Pferde assoziieren das Auflegen des Klappenkopfstückes dann mit Arbeit und sind, wie aus der Ausbildung gewohnt, kooperativer.

Gebisse

Die Frage des richtigen Gebisses für das Fahrpferd hat für mich nichts mit Stil oder Konvention zu tun. Die Abhandlung dieses Themas gehört in vielen Büchern über das Fahren zu den meiner Meinung nach unsinnigsten Teilen.

So wie das Geschirr zum Körperbau des Pferdes, zur Aufgabe und zum Kutschentyp passen soll, so ergibt sich die Auswahl des richtigen Gebisses aus den Besonderheiten und Vorlieben des Pferdemauls und aus der Fähigkeit und Ruhe der Fahrerhand. Und nicht aus der Farbe des Hutes oder der, ob das Pferd ein Brustblatt oder ein Kumt trägt!

Für das Fahren üblich ist der Einsatz von verschiedenen Kandaren und Trensen.

Doppelringtrense

Die Doppelringtrense besteht aus dem Gebissstück und insgesamt vier Ringen. Die beiden inneren Ringe werden dabei zur Befestigung des Gebisses am Kopfstück genutzt und die freien Ringe nehmen die Fahrleine auf. Es hat sich heute bei den meisten Fahrern durchgesetzt, die Doppelringtrense "weich" zu verschnallen, was bedeutet, dass die Fahrleine nicht nur durch einen sondern durch beide Metallringe gezogen wird.

Fälschlicherweise sieht man dies

Doppelringtrense, mit Karabinerhaken ins Stallhalfter eingehängt.

auch immer wieder beim Zweispänner, obwohl es keinen Sinn macht. Die Doppelringtrense hat, so wie sie gedacht ist, ihren Sinn nur beim Zweispänner: Die linke Fahrleine beim rechten Pferd und die rechte Fahrleine beim linken Pferd kommt nicht von hinten, sondern von der "Seite". Der freie Doppelring kann sich dem Winkel anpassen und nimmt die Leine auf, ohne dass der Zug an der Fahrleine auch am Kopfstück Auswirkung zeigt. Das gemeinsame Einschnallen der beiden Ringe geschieht also nur an der Außenseite des Pferdekopfes von der Deichsel gesehen.

Das weiche Einschnallen reduziert die Wirkung des Fahrleineneinsatzes, vor allem weil im Zweispänner die innere Fahrleine so wirkt, dass sie das

Gebiss aus dem Maul ziehen will.

Selbst Spitzenleute im Fahrsport propagieren heute das weiche Verschnallen der Doppelringtrense für die Marathonfahrt durch das Gelände, weil sie sagen, dass das unbeabsichtigte schärfere Zupacken im Hindernis so für das Pferd verträglicher wird.

Besser wäre es wohl sicherlich, das Fahrtempo so zu drosseln, dass nur genauso viel Einwirkung zum Pferdemaul durchdringt, wie auch beabsichtigt ist.

Beim Einspänner macht das "weiche" Einschnallen keinen Sinn. Genauso gut kann man gleich ein normales Trensengebiss nehmen. Meiner Meinung nach sollte eh die gewöhnliche Wassertrense das Standardgebiss für den Fahranfänger sein.

Liverpoolkandare. Hier Verschnallung im obersten Durchlass mit der geringsten Hebelwirkung.

Kandaren

Kandaren sind im Fahrsport weit verbreitet. Ob eine Post-, Liverpool-, oder Ellbogenkandare verwendet wird, ist durch den Stil bestimmt, weil die Kandare zur Art des Geschirrs passen soll (Sie wissen schon, was ich von diesen Dingen halte).

Auch wenn sich die Formen unterscheiden, so ist die Wirkungsweise der Kandaren aber dieselbe. Kandaren arbeiten mit einem Hebel, der mit einer unterschiedlich zu wählenden Länge eingeschnallt werden kann. Über die Hebelwirkung werden Kinnkette und der Nasenriemen angespannt, außerdem entsteht über die nach vorn gezogenen Backenstücke ein Druck auf das Genick des Pferdes. Eine Kandare braucht eine weiche und gefühlvolle Hand und ist einem Fahranfänger sicherlich nicht zu empfehlen. Wenn Sie eine Kandare verwenden möchten um sich in der falschen Sicherheit zu wiegen, ein heftiges Pferd im Gelände im Zweifelsfall doch noch halten zu können, so wäre es bei diesem Pferd wohl besser, es gar nicht zu fahren. Auch ist es ein Irrglaube, ein heftiges Fahrpferd öfter als einmal mit der Kandare und Gewalt durchparieren zu können. Solche Vermutungen sind Illusion.

Postkandare in “mittelscharfer” Verschnallung.

Bei den Kandaren ist zu beachten, dass sie umso schärfer wirken, je höher die so genannte Zungenfreiheit (die Aufwölbung in der Mitte des Mundstückes) ist. Manche Kandaren haben außerdem Mundstücke, die auf einer Seite geriffelt sind. Wenn die Riffelung nach hinten zeigt, wirkt das Gebiss schärfer, als wenn Sie es umdrehen.

Die Fahrleine

Nach den Wünschen von Achenbach werden die meisten Fahrleinen aus naturfarbenem Leder gefertigt. In der Zeit, in der er dieses zu Recht forderte, war sein Anliegen, dass besonders die Fahrleine aus einwandfreiem und damit hochstabilem Rindsleder gefertigt war. Diese Forderung hatte im Hinblick auf die große Bedeutung der Fahrleine für die Sicherheit absolute Rechtfertigung. Das naturfarbene Leder hatte außerdem den Vorteil, bei Regen nicht wie so manches schwarz gefärbte Leder auf die schönen weißen Hosen abzufärben...

Wenn aber heute hellbraun gefärbte oder lackierte Fahrleinen in den Geschäften ausliegen und als Achenbachleine feil geboten werden, dann ist das ein wenig kurios.

An der alten Forderung der Sicherheit und Reißfestigkeit für die Leinen hat sich nichts geändert. Die Leine muss aber nicht unbedingt nach den Maßen und Vorlagen von Achenbach gefertigt sein. Heute ist sowohl im Einspänner- als auch Zweispännerbereich gleichwertiges oder sogar besseres auf dem Markt.

Die Einspännerleine

Die Einspännerleine ist im Grunde nicht mehr als ein überdimensionierter, langer, breiterer und dickerer Zügel. Die Länge, die dieser "Zügel" braucht, ist abhängig von der Konstruktion und Art der Kutsche. In den meisten Fällen ist die Fahrleine erheblich zu lang und baumelt störend an den Beinen.

Es gibt auch so genannte Traberleinen, die am Ende eine Handschlaufe haben. Sie sind in der Länge nicht einstellbar und oft entweder zu lang oder zu kurz. Weil sie nicht miteinander verbunden sind, besteht immer die Gefahr, einen Teil zu verlieren und es gibt kaum die Möglichkeit, einhändig vernünftig zu fahren.

Mir persönlich gefällt eine Verbindung beider Modelle am besten: Eine Leine, bei der zwei Handschlaufen mit einem Verbindungsstück zusammenhängen.

Ein Beispiel hierfür ist die Sieltec-Einspännerleine aus Kunststoffseil. Sie ist einfach in der Länge einstellbar und für meine Art des Fahrens gut geeignet.

Die Zweispännerleine

Während die Einspännerfahrleine recht unspektakulär ist, unterscheiden sich die Modelle von Zweispännerleinen deutlich.

Verschiedene Ausführungen sind heute gebräuchlich. Die Achenbach'sche Zweispännerleine, die ungarische Zweispännerleine, die deutsche Kreuzleine und die Schlaufenleine.

Am weitesten verbreitet ist in Deutschland die Achenbachleine. Es handelt sich dabei um eine Kreuzleine in streng festgelegter Länge, mit Einstelllöchern in definierter Anzahl und festgelegtem Abstand.

Mit dieser Konstruktion kann nach einem einfachen System das unterschiedliche Temperament der beiden Pferde ausgeglichen werden: Ein Pferd wird mit kürzerer, das andere mit längerer Leine geregelt. Die Besonderheit der Leine ist, dass sie vom Kutschbock aus verstellbar ist.

Das ist für so manchen Ausbilder von Fahrpferden eine gute Sache.

Achenbach-Zweispännerleine, vom Kutschbock aus verstellbar.

Sieltec-Zweispännerleine, über Knoten verstellbar.

Deutsche Kreuzleine: Beim Turnier nicht regelgerecht, aber für das zweispännige Freizeitfahren mit Spielwaage genauso gut geeignet wie die klassische Achenbachleine.

Hier sieht man, dass die jeweils äußeren Leinen kürzer sind, weil die inneren durch den späteren Verlauf über Kreuz eine größere Strecke zurückzulegen haben.

Immer beliebter in Deutschland wird die ungarische Fahrleine. Im Grunde ist sie aus zwei Einspännerleinen zusammengesetzt. Sie hat eine größere Zahl von Lochungen und ist damit präziser einzustellen. Der Einsatz dieser Leine ist auf deutschen Turnierplätzen nicht gerne gesehen und wird mit Punktabzug bestraft.

Die Deutsche Kreuzleine ist immer noch die erste Wahl für alle, die ihre Pferde in der Spielwaage fahren. Die Einstellmöglichkeit ist nicht vom Kutschbock aus möglich, aber das richtige Einstellen bezieht sich hier auch nur auf Einstellung der Leinenteile, damit die Pferde bei aufgenommener Fahrleine beide ihre Köpfe gerade halten können. Der Temperamentsausgleich ist hier über die Anspannung geregelt.

Die Schlaufenleine ist eine Kreuzleine, bei der die Schlaufen wieder durch ein Teilstück verbunden sind. Bei Leinen aus Kunststoffseil kann die Einstellung über Knoten vorgenommen werden.

Auch im Zweispännerbereich eignet sich die verbundene Schlaufenleine ideal für meine Art des Fahrens.

Brustblatt oder Kumt?

Das Brustblatt ist nicht für den Zug von besonders schweren Lasten geeignet. Soll Ihr Pferd z.B. im Acker oder bei der Heuernte und im Wald richtig ranklotzen müssen, so ist dafür das Kumt sicherlich die bessere Wahl. Bei den "Arbeiten", die das Pferd eines Freizeitfahrers erledigen muss, reicht in den meisten Fällen ein Brustblatt aus.

Die in der Fachliteratur zum Fahren immer wieder dargelegten Aussagen wie "zum Einspänner-Dogcart gehört eine Kumtanspannung" oder "zum ungarischen Jagdwagen gehört das Brustblatt" haben nichts mit der Funktion, sondern nur etwas mit Stil zu tun. Wenn Sie also einen englischen Phaeton mit Brustblatt anspannen, begehen Sie zwar Stilbruch und bekommen auf dem Turnier dafür Punktabzüge, Ihrem Pferd ist das aber herzlich egal.

Die einzige Situation, in der die Anspannung die Verwendung eines Brustblattes ausschließt, ist die schon erwähnte Anspannung an den Docken.

Schmales Brustblatt für den leichten Zug (Gesamtgewicht des Wagens mit Fahrer bis ca. 110 kg).

Kräftiges, stabiles Brustblatt für eine schwerere Kutsche (ca. 450 kg).

Brustblatt

Sowohl das Gewicht des Wagens und seiner möglichen Insassen als auch die Gebirgigkeit der Gegend, in der Sie fahren wollen, bestimmen neben den Körpermaßen des Pferdes die Breite des Brustblattes.

Häufig ist zu sehen, dass dem Pferd zwar entsprechend seiner Zugleistung ein schönes breites Brustblatt angelegt wird, dies aber leider nicht passt.

Wenn ein Pferd einen tief angesetzten Hals hat, hat man beim Einstellen des Brustblattes nur die Wahl zwischen Luft abdrücken oder aufs Buggelenk legen. Nun Herrschaften, es gibt eben Pferde, die von ihrem Körperbau her die Verwendung des Brustblattes verbieten! Hier muss das Kumt her.

Das Brustblatt für den Einspänner ist übrigens deutlich kürzer als das Zweispänner- Brustblatt. Beim Zweispänner muss das Brustblatt so lang sein, dass es bis zur Höhe des Kammdeckels reicht. Dort wird das Brustblatt mit dem Kammdeckel über die Oberblattstrupfe verbunden.

Zweispännerbrustblätter haben vorn einen Ring eingenäht. Dieser Ring ist nicht genau in der Mitte des Brustblattes, sondern nach einer Seite versetzt. An diesem Ring wird der Aufhalter befestigt. Der Ring soll an der inneren Seite des Geschirrs liegen, das linke und das rechte Geschirr dürfen also nicht vertauscht werden.

Bei einigen Geschirren werden sogenannte Kombigeschirre verkauft. Man nimmt das Zweispänner, bekommt ein zusätzlichen Selett und kann mit dem Brustblatt beides bedienen. Wie bei vielen Kompromissen ist hier die Länge für den Einspänner eigentlich etwas zu lang und für den Zweispänner etwas zu kurz.

Ein findiger Fahrer hat vor kurzem

Zweispänner mit Sieltec-Brustblattgeschirr und Marathonwagen.

ein Brustblattgeschirr aus Kunststoffmaterial, genauer gesagt aus einem speziellen Nylon-Hohlseil entwickelt, das unter dem Namen Sieltec im Handel ist. In vielen Fällen ist es eine günstige Alternative. Bei Pferden mit empfindlicher Haut sollte man allerdings vorbeugend einen Brustblattüberzug aus Lammfell nehmen, um nicht zu riskieren, dass Unverträglichkeiten durch den Kunststoff auftreten.

Beim so genannten Marathonbrustblatt (nicht zu verwechseln mit dem Marathonkumt!) läuft zusätzlich ein Riemen, der so genannte Sprungriemen, vom Brustblatt durch die Vorderbeine bis zum Bauchgurt. Er hält das Brustblatt in seiner Lage stabil, sodass es sich weniger verschieben kann. Die Zugstränge setzen ein klein wenig höher an, weshalb die Vordergliedmasse für die Vorwärtsbewegung mehr Freiheit hat. Ansonsten unterscheidet sich das Marathonbrustblatt nicht von anderen Brustblattgeschirren, außer in der Stärke und Dicke des verwendeten Materials.

Das Selett (Einspänner)

Wenn Sie Einspänner fahren wollen, brauchen Sie ein so genanntes Selett. Beim Kauf müssen Sie aufpassen! Die Modelle unterscheiden sich deutlich voneinander, und nicht jedes Selett ist für jeden Zweck und für jede Kutsche geeignet.

Die Selette auf den beiden Bildern unterscheiden sich in einigen sehr wichtigen Details, da sie für unterschiedliche Aufgaben gedacht sind. Sie erkennen an dem braunen Selett, dass der sichtbare Ring, durch den später die Fahrleine gezogen wird, deutlich im Vorderteil des Seletts liegt. Der Riemen, an dem die Schlaufe für die Gabel hängt, ist durchgängig und kann frei von links nach rechts bewegt werden. Dieses Selett ist für eine Gig gedacht. Die starren Bäume der Gig würden das Pferd auf einem unebenen Weg von links nach rechts werfen, wenn die ledernen Schlaufen nicht beweglich wären und einen Ausgleich erzielten.

Selett für einachsigen (oben) und zweiachsigen Wagen (unten).

Beim vierrädrigen Wagen sind, wenn er mit einer Gabel ausgestattet ist, die beiden Stangen starr. Wenn Sie über einen Feldweg fahren, werden Sie unweigerlich einmal mit einem Rad in ein Schlagloch fahren. Die eine Gabel schwingt nach oben und die andere nach unten. Haben sie ein Selett wie das schwarze auf Bild zwei verwendet, bei dem die Trageösen fest sind, so muss sich entweder das Selett um das entsprechende Maß am Körper des Pferdes drehen, oder die Haut verschiebt sich über den Körper. Das Pferd kann schlimmstenfalls sogar aus dem Gleichgewicht gebracht werden. Beim frei beweglichen Selett kann das nicht passieren. Beim schwarzen Selett auf Bild zwei wird der Lederriemen durch die eingeschraubten Ringe fixiert und ist somit starr. Dieses Selett ist für die Verwendung von Scherbäumen gedacht.

Ein genauso wichtiger Unterschied liegt in den Trageösen. Während beim braunen Selett die Trageösen aus Leder sind, sind sie beim schwarzen aus lederüberzogenem Metall. Die Lederösen dämpfen eventuelle Schläge auf das Pferd, bei Verwendung von Metallösen kann es durch die beweglichen Scherbäume nicht zu Schlägen kommen. Die mit Leder überzogenen Metallösen gelten oft als Kompromiss, um ein Selett für alle möglichen Wagen nutzen zu können. Dies ist

Salett für zweirädrige Lastenkarren.

nicht pferdegerecht - investieren Sie lieber in ein für Pferd und Kutsche passendes Selett.

Oben sehen sie ein so genanntes Salett mit “a”. Dies ist schon kein Sättelchen mehr, es ist schon fast ein Sattel. Sie erkennen die ledernen Trageösen und sehen, dass diese frei beweglich über dem Salett ruhen. Dieses Modell ist für die Verwendung einer schweren, früher in der Landwirtschaft üblichen zweirädrigen Lastenkarre gedacht.

Bei diesen Lastenkarren ist das in den Trageösen lastende Gewicht recht hoch. Das große Salett verteilt dieses Gewicht auf der sattelähnlich großen Fläche gleichmäßig und verhindert so Druckstellen am Rücken.

Abmessen der Geschirrgröße
- Kopfstück:

Sie brauchen vier Maße für die Bestimmung der richtigen Kopfstückgröße, die Sie am besten mit einem Stück Paket- oder Heuschnur vom Pferdekopf abnehmen.

Messen für das Kopfstück.

1) Messen Sie die Länge von Maulwinkel zu Maulwinkel über das Genick hinweg.
2) Das Längenmaß für das Stirnband ermitteln Sie, indem Sie von der rechten bis zur linken Ohraußenkante messen.
3) Sie müssen das Maß für die Breite der Blendklappen abnehmen. Die Klappen sollen so liegen, dass sie die Wimpern und Augentasthaare des Pferdes nicht berühren. Weiterhin sollen die Klappen zu 2/3 unter den Augen sitzen.
4) Breite des Mundstückes: Am besten nehmen Sie einen Zollstock, den Sie durch das Pferdemaul schieben.

- Einspänner- Brustblattgeschirr

Das Brustblatt des Einspänners ist kürzer als das des Zweispännergeschirres. Messen Sie die Länge des benötigten Brustblattes zwei Finger breit über dem Buggelenk vom Ende der Schulter bis zum gleichen Punkt auf

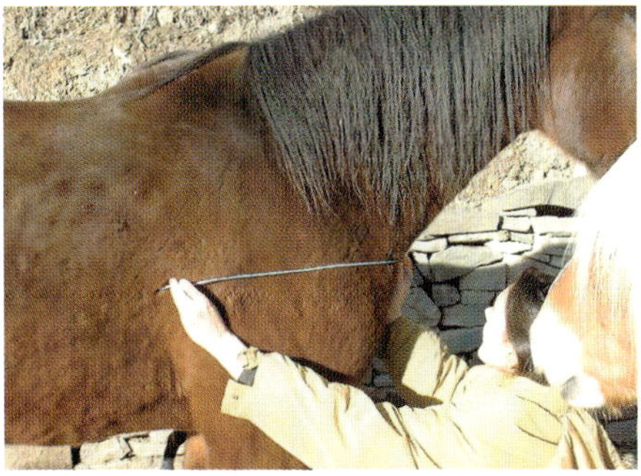

Messen für das Brustblatt.

der anderen Seite (ca. 2-4 cm hinter der Linie des Vorderbeins nach oben verlängert).

Ein Wort noch zur Breite des Brustblattes: Es sollte grundsätzlich so breit wie möglich sein, da sich der Druck auf einer größeren Fläche besser verteilt. Das ist aber auch von der Pferderasse abhängig! Bei einem schmalen Araber wird ein zu breites Brustblatt unweigerlich auf die Luftröhre drücken. In der Regel achten die Hersteller darauf, dass die Breite des Brustblattes zur Geschirrgröße passt. Nur: Es gibt auch große und trotzdem sehr schmale Pferde und sehr kleine, die dafür auch sehr stabil gebaut sind.

- Selett

Das Selett soll etwa vier Finger breit hinter dem Widerrist liegen - an dieser Stelle müssen Sie den Körperumfang messen. Am einfachsten kann man mit einem Stück Draht den Verlauf der Rückenlinie an dieser Stelle fixieren, ähnlich wie Sie es vom Sattelkauf kennen.

Als letztes brauchen Sie noch das Maß vom Lagepunkt des Seletts bis zum Schweifansatz.

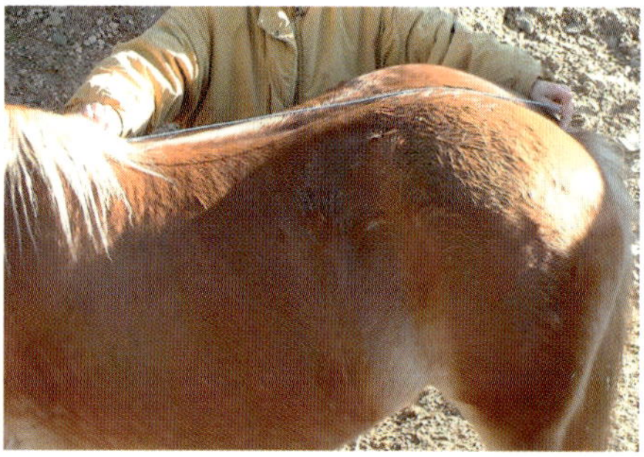

Messen für Selett und Schweifriemen.

- Hintergeschirr

Hierfür brauchen Sie das Maß von Flanke zu Flanke einmal rund um das Hinterteil des Pferdes.

Nicht bei allen Kutschen liegt die Öse zur Aufnahme des Hintergeschirres an der gleichen Stelle der Gabel oder Schere. Es gibt auch Kutschen, bei denen das Hintergeschirr an der Spitze der Gabel/Schere befestigt wird. Wenn Ihre Kutsche hier Besonderheiten hat, so sollten Sie auch diese notieren, bevor Sie zum Geschirrkauf losgehen.

- Zweispänner-Brustblattgeschirr

Der wesentliche Unterschied zum Einspännergeschirr für das Maßnehmen liegt in der Länge des Brustblattes. Der Kammdeckel (entspricht dem Selett beim Einspänner) liegt beim Zweispänner ca. vier Fingerbreit hinter dem Widerrist - bis hierhin muss auch das Brustblatt reichen, da es ja über die Oberblattstrupfe verbunden wird.

Alle anderen Maße für den Kauf eines neuen oder gebrauchten Geschirres entsprechen denen des Einspänners.

Abmessen Kumt

Ein Kumt ist im Grunde immer eine Maßanfertigung. Bei Pferden können sich Muskulatur und Gewicht verhältnismäßig schnell verändern. Wenn Sie ein passendes Kumt für ein junges, untrainiertes Pferd kaufen, ist die Wahrscheinlichkeit, dass es nach wenigen Wochen Arbeit nicht mehr passt und zu klein geworden ist, recht groß. Genauso wird bei einem gut trainierten Pferd, das plötzlich nicht mehr regelmäßig gefordert wird, das Kumt bald zu groß werden.

Das Kumt hat keine Verstellmöglichkeiten - entweder es passt oder es passt nicht. Ich rate dringend davon ab, aufgrund der Maße von Halsumfang und Strecke von Ober- zu Unterhalslinie ein Kumt zu bestellen.

Falls Ihr Pferd (bedingt durch seine Anatomie, für schwere Zugarbeit oder aus Stilgründen) ein Kumt braucht, bestellen Sie am besten den Fachhändler zu sich in den Stall, damit er die nötigen Maße selbst abnimmt. Wenn das gelieferte Kumt nicht passt, ist er eher gewogen, das gute Stück gegen ein neues, passendes zu tauschen und kann Sie nicht für falsches Maßnehmen verantwortlich machen.

Kumt mit Unterlegkumt.

Ein unpassendes Kumt mit Hilfe eines Unterlegkumts aus Filz passend machen zu wollen, ist allenfalls eine (schlechte) Notlösung. Beim Kumt ist die richtige Passform genau so wichtig wie bei einem Sattel, wenn hässliche Druckstellen und Unmut des Pferdes verhindert werden sollen.

Geschirrkauf

Dies ist ein ganz heikles Thema! Man kann unendlich viel falsch machen und viel Geld in den Sand setzen - weshalb es sich lohnt, sich vorher ein paar Gedanken zu machen.

Was den Komfort für das Pferd angeht, die Passform und die uneingeschränkte Sicherheit, wäre der Weg, ein neues Geschirr von einem namhaften Hersteller bzw. Sattler zu erwerben, sicherlich der beste. Sollten Sie sich bei der Abmessung der Größe irgendwo vertan haben, ist der Umtausch in der Regel kein Problem. Sie können auch jedes Einzelteil des Geschirrs nachkaufen; Sie werden auch ein passendes Geschirr bekommen, wenn das Kopfstück vielleicht sehr groß sein muss, aber das Selett sehr schmal, Sie also mit einem Geschirr "von der Stange" der Größe “Cob” oder “Pony” nicht mehr zurechtkommen. Aber der Preis! Solche Geschirre bekommen Sie in der Regel nicht unter 1500,- Euro. Die Preisskala ist nach oben fast offen. Für mich durchaus verständlich ist nun der Aufschrei einiger Leute, die sagen, dass sie für das Geschirr doch nicht mehr ausgeben wollen als für ihr Pferd.

Die oft nun verfolgten Lösungen sind der Erwerb von günstigen Geschirren oder die Suche nach einem gebrauchten Geschirr.

Gebrauchtware

Wenn Sie auf die Suche nach einem gebrauchten Geschirr sind, müssen Sie gut vorbereitet losziehen und alle Maße mitnehmen. Auch wenn einige "Freizeitfahrerexperten" glauben, dass der Kammdeckel oder das Selett nahezu eine Universalpassform haben, so muss ich ganz deutlich sagen, dass auch dieses Geschirrteil genauso gut passen muss wie ein Sattel.

Ganz besonders beim Einspänner führt ein nicht oder schlecht passendes Selett über kurz oder lang zur (berechtigten) Widersetzlichkeit des Pferdes. Wenn nur das Selett oder der Kammdeckel in der Breite nicht passt, der Rest der Geschirrs maßgeschneidert ist, so kann der Schmied den Winkel des Kammdeckel/Seletts verändern und anpassen. Ebenfalls kann die Polsterung durch Sattler angepasst werden. Ob Sie nach diesen Änderungen im Vergleich zu einem Neukauf immer noch Geld gespart haben, ist eine andere Frage.

Die Passform ist aber nur die eine Sache - die Qualität des Geschirres eine andere. Sie richtig zu beurteilen, verlangt auch ein wenig Erfahrung. Fast jeder Reiter oder Fahrer aus meinem Bekanntenkreis ist irgendwann zu Beginn seiner "Karriere" einmal auf schlechtes Material hereingefallen! Wenn Sie sich nicht sicher sind, nehmen Sie vielleicht einen "alten Hasen" mit zur Begutachtung, der diese leidvolle Erfahrung schon hinter sich hat. Es gibt übrigens in vielen Dörfern noch einen pensionierten Schuster oder noch besser Sattler, der vielleicht auch gerne zum Mitkommen bereit ist und die Lederqualität beurteilen kann. Ein paar Anhaltspunkte kann ich Ihnen aber natürlich trotzdem mit auf den Weg geben:

! Beim Leder ist nicht unbedingt das Alter, aber immer der **Pflegezustand** und die **Ursprungsqualität** entscheidend. Wir besitzen ein Militärgeschirr aus dem Ersten Weltkrieg, das noch besser in Schuss und stabiler ist als so manche Neuware aus dem Versandkatalog!

! Eine einfache Methode, den Zustand des Leders zu überprüfen, ist das scharfe **Knicken** von Lederriemen. Völlig ausgetrocknetes Leder neigt zum Brechen. An der Oberfläche der Fellseite des Leders (das ist die glatte Seite) erscheinen beim kaputten Leder viele feine Querrisse. Wenn Sie jetzt noch Ihr Ohr beim Knicken nah an das Leder halten, hören Sie ein feines Knacken - das sind die zerreißenden Lederfasern. Ein solches Leder ist nicht mehr zu retten, auch wenn der Verkäufer Ihnen vielleicht einreden möchte, mit ein bisschen Fett sei es wieder wie neu. Es gibt aber durchaus auch altes Leder, das nicht mehr unbedingt wie neu aussieht, aber trotzdem noch brauchbar und zu retten ist. Wenn es weder wie oben beschrieben beim Knicken einreißt noch knirscht, sondern einfach nur hart und steif ist, dann können Sie es mit einem ausgiebigen Bad in Lederöl wieder weich und geschmeidig bekommen.

! Achten Sie auch darauf, ob das Leder eventuell mit **Lederfarbe** oder Schuhwichse behandelt wurde. Falls ja: Vorsicht! So manches Mal wird schön glänzender schwarzer Geschirrlack nur dazu verwendet, um Mängel zu kaschieren.

! Besonders wichtig ist auch die Begutachtung aller **Nähte**. Geschirrteile sind mit Zwirn oder getränktem Zwirn genäht. Wenn die Fäden über längere Zeit ausgetrocknet waren, verlieren sie ihre Belastbarkeit. Schon geringe Belastung führt zum Reißen der Fäden. Wenn dies der einzige Mangel des Geschirrs sein sollte und der Preis stimmt, kann ein Sattler hier recht preisgünstig nachbessern.

Achten Sie darauf, dass sich im Innenbereich des Brustblattes keine hervorstehenden Nähte oder Leerkanten befinden. Druckstellen, die im Bereich des Brustblattes durch solche Fehler entstehen, machen das Pferd oft für Monate krank.

! Minderwertige und billige Geschirre sind oft durch das **Gerbverfahren** belastet. Es können Hautprobleme und Allergien entstehen, durch die eine nachvollziehbare Widersetzlichkeit des Pferdes ausgelöst wird. Die beste (und auch teuerste) Art der Ledergerbung ist die pflanzliche Gerbung. Minderwertige Gerbungen kann man (leider nicht immer) am unangenehm "chemischen" Geruch erkennen.

! Wie ist der Zustand der **Schnallen und Beschläge**? Drehen Sie ins Leder eingenähte Schnallen und Ringe ruhig mal ein bisschen hin und her. Oft liegen die Schwachstellen, die als nächstes brechen werden, unter dem Leder verborgen.

! Überprüfen Sie besonders intensiv auch alle **Lederendstücke**, in die eine Schnalle eingenäht ist. Ist das Leder hier schon gebrochen oder eingerissen - Finger weg.

! Wenn Ihr Gebrauchtangebot lederne **Zugstränge** hat, dann achten Sie besonders gut auf Qualität und Verarbeitung. Ihr Leben könnte daran hängen! Neuere Modelle haben im Leder eingenähte Nylonverstärkungen.

Hände weg von Billigware

Nach unserer Erfahrung sind minderwertige, also billige Importgeschirre, wenn sie gebraucht zum Kauf angeboten werden, entweder nahezu neuwertig oder unansehnlich, oft zerrissen oder an einigen Stellen geflickt. Dies ist einfach zu erklären. Manche Leute legen sich ein solches billiges und günstiges Geschirr zu und stellen entweder fest, dass es von der Passform einfach unmöglich ist oder trotz minimaler Belastung sofort kaputt geht. Ich habe ein solches Geschirr auch einmal versucht: Die erste Oberblattstrupfe war nach 10m (!!!!) Fahrt zerrissen. Diese Geschirre sehen dann noch fast so schön aus wie im Laden und werden meist sehr günstig verkauft. Sind diese billigen Geschirre dann etwas älter und auch einige Male gebraucht, sieht man es ihnen an. Meiner Meinung nach taugen diese Billiggeschirre für Menschen, die eine schöne Dekoration für ihre Kellerbar oder das Reiterstübchen suchen. Und da sind auch die meisten gebraucht angebotenen Kumtgeschirre am besten aufgehoben! Kaufen und Spiegel einsetzen ist dann in Ordnung - aber auf das Pferd?

Ich denke, dass man sicher auch gute gebrauchte Kumts finden wird, aber der Zufall, dass dieses auch genau auf Ihr Pferd passt, wäre schon ein riesiger. Die immer noch oft angebotene Lösung: "Mensch - da machen Sie doch ein Unterkumt zwischen", halte ich, wie bereits erwähnt, für wenig sinnvoll. Davon abgesehen, dass sie ein unpassendes Kumt nicht passend machen, saugen sie sich mit dem Pferdeschweiß voll und sind kaum zu reinigen. Über kurz oder lang sind Hautprobleme des Pferdes und folgende Widersetzlichkeiten die Folge.

Ursprünglich gute und hochwertige Geschirre bleiben nur dann gut, wenn sie entsprechend gepflegt werden. Manche wohlmeinende Menschen lagern ihre qualitativ hervorragenden Geschirre im Heizungsraum. Konsequenz: das Leder trocknet aus und wird nach wenigen Jahren völlig unbrauchbar. Ein wenig oberflächlicher Schimmel auf dem Leder, wenn es zu feucht gelagert wurde, schadet übrigens nicht unbedingt, sofern er sich durch Abwischen mit einem Tuch leicht entfernen lässt.

Besonders wichtig und darum auch an der letzten Stelle der Betrachtung von Gebrauchtware ist die Fahrleine. Wie bereits erwähnt, ist es am naturbraunen Leder es am einfachsten, Fehler der Lederqualität zu erkennen! Keine Farbe kaschiert die Mängel. Gute Qualitäten sind naturbraun, minderwertige Ware ist braun oder gelblich gefärbt. Bei älteren Fahrleinen ist dies wunderbar zu erkennen, denn über die Zeit fängt die braune Farbe an zu reißen und abzuplatzen. Gebraucht würde ich eine solche Leine nie kaufen.

Damit die Qualität gewährleistet ist, sollte die Leine aus dem Rückenstück des Rindes gefertigt sein, aus der Haut rechts und links der Wirbelsäule. Um Gotteswillen nicht etwa aus billigem Schweineleder! Die Fahrleine ist besonders sicherheitsrelevant und darum kann es hier auch keine Kompromisse geben.

Bei der Zweispännerleine müssen Sie die Maßhaltigkeit überprüfen: Schnallen Sie sie jeweils ins gleiche Loch und legen Sie die Leinen auf dem Boden aus. Die beiden längeren Kreuzleinen müssen die selbe Länge haben und die beiden kürzeren Leinen auch. Billige Fahrleinen aus minderwertigem Leder längen sich oftmals. Wenn dies an allen Leineteilen gleichmäßig geschehen würde, wäre es unerheblich. Meistens aber werden die Leinenteile unterschiedlich lang! Die Leine ist damit im Grunde unbrauchbar.

Neuware

Ein gutes Zuggeschirr muss heute nicht unbedingt aus Leder sein. Wie eben schon angedeutet, ist ein Ledergeschirr in seiner Pflege und Lagerung recht anspruchsvoll. Das Geschirr muss nach jeder Benutzung zumindest gereinigt werden. Der Reiter wird sich wundern, wie so ein Fahrer den Sattelseifenverbrauch im Haushalt in die Höhe treibt. Immer wieder, natürlich abhängig von der Nutzungsintensität, muss das Leder geölt werden.

Es ist sehr wichtig, dass Sie in der Sattelkammer genug Platz für das neue Geschirr freimachen. Auch das beste Geschirr behält seine Form nur, wenn es ordnungsgemäß am besten auf speziellen Geschirrträgern platziert wird. Auch ein Geschirr mit einem Neupreis von mehreren tausend Euro wird im Heizraum in der Ecke liegend bald für die Kellerbar - aber das hatten wir ja schon.

Da wir alle ja nun wenig Zeit haben und die knappe Freizeit lieber auf dem Kutschbock und nicht mit dem Lappen in der Waschküche zubringen wollen, ist die Überlegung, ein Geschirr aus Synthetik zu erwerben, sicher nahe liegend. Damit keine Missverständnisse aufkommen: Von Kunststoffgeschirren aus der Tüte, die für wirklich ganz kleines Geld zu bekommen sind, rate ich entschieden ab. Mir wäre die Sorge, dass ein solches Geschirr entweder an einer sicherheitsrelevanten Stelle reißt oder meinem Pferd Druck oder Scheuerstellen zufügt, zu groß. Erst recht stehen mir die Haare zu Berge, wenn ich lese, dass solche Geschirre in der Werbung oft als "Einsteigergeschirre" angepriesen werden - damit man, bevor man viel Geld für ein teures Ledergeschirr ausgibt, erst einmal ausprobieren kann, ob das betreffende Pferdchen denn auch vor der Kutsche läuft.... um Gotteswillen! Nirgends ist eine gute Qualität so wichtig wie beim unerfahrenen Pferd und beim unerfahrenen Fahrer. Die meisten Krisensituationen erleben Sie ganz am Anfang - und wenn ganz am Anfang dann gleich schon mal das Geschirr reißt, ist Ihre Fahrkarriere vielleicht schneller beendet, als Ihnen lieb ist. Für Ihr Pferd ist das Thema Fahren eventuell auch nach einem solchen Abenteuer mit einem reißenden Geschirrteil abgehakt - es könnte sich erschrecken und sein Vertrauen verlieren, falls nicht noch wesentlich Schlimmeres passiert. Bitte, wenn Sie noch nicht sicher sind, ob Sie beim Fahren bleiben und mit der Geldausgabe für ein gutes Geschirr zögern - fahren Sie erst mit fremden Pferden oder leihen Sie sich ein anständiges Geschirr aus.

Gute synthetische Geschirre dagegen sind pflegeleicht und haltbar, sie haben eine gute Passform und sind über den Fachhandel zu bekommen. In der Regel sind nicht alle Teile aus Kunststoff, oftmals wird man eingearbeitete Lederstücke finden. Diese Geschirre haben ihren Vorteil in der schon erwähnten Pflegeleichtigkeit, aber bestimmt nicht im Preis! Auch hier müssen Sie 1500 Euro und mehr anlegen. Sie sind also keine Billig-Alternative, aber praktisch für Leute, die gerne und flott querfeldein fahren, dass der Schlamm nur so spritzt - Abwaschen mit Wasser nach Gebrauch reicht!

Die Preiskategorie für Ledergeschirre, in der Sie anfangen können zu suchen, beginnt bei 750 Euro für den Einspänner. Es ist Ihr Pferd und es ist Ihr Leben, schlussendlich natürlich Ihre Entscheidung, was Sie tun - aber bedenken Sie, wie viele Pferdebesitzer irgend wann mal mit einem Westernsattel für 225 Euro angefangen haben um sich dann nach wenigen Monaten was Vernünftiges zu kaufen. Und ein Sattel ist sicherlich erheblich weniger sicherheitsrelevant als ein Geschirr! An diesen paar Lederriemen hängt nicht nur das Pferd, sondern in der Tat Ihr Leben. Wenn ein Geschirr reißt, dann ist das nicht zu vergleichen mit einem gerissenen Steigbügelriemen beim Reiten. Die Folgen sind in der Regel gravierend!

Sparen Sie also nicht am Geschirr - diese Rechnung geht niemals auf. Man muss es leider ganz krass sagen: Wenn Sie sich die Ausgaben für qualitativ hochwertiges Zubehör nicht leisten können oder wollen, dann sehen Sie sich bitte im Interesse Ihrer eigenen Gesundheit nach einem anderen Hobby um.

Anpassen des Wagens an das Pferd
Einspänner (Zweiachser)

Das Geschirr muss nicht nur dem Pferd, sondern auch dem Wagen angepasst werden, genauso wie der Wagen für das Pferd eingestellt werden muss. Das ist manchmal eine überaus lästige, aber unbedingt notwendige Tätigkeit. In manchen Fällen kommt das nicht nur einmal vor, denn wenn Sie mit einem Pferd oder Gespann verschiedene Wagen ziehen wollen, wiederholt sich die Prozedur jedes mal von neuem.

Gehen wir einmal davon aus, dass Sie einen neuen Wagen haben und ihn in der Einspännerausrüstung auf Ihr Pferd einstellen wollen.

Schere oder Gabel müssen in der Länge und Breite, oft auch in der Höhe für das Pferd passend eingestellt werden.

Die Voreinstellung für die Breite der Schere/Gabel ist am einfachsten zu bewerkstelligen, wenn man seinem Pferd das Geschirr auflegt und mit einem Gliederstab den Abstand der beiden Trageeisen abnimmt. Das abgenommene Maß wird nun auf die Schere/Gabel übertragen. Ob der Winkel der beiden einstellbaren Vorderteile auf beiden Seiten gleich ist, kann man am besten per Augenmaß vom Kutschbock aus überprüfen.

Die Länge der Schere/Gabel ist abhängig von der Anbringungshöhe des Ortscheites und seiner Platzierung unter der Kutsche. Sie müssen auch überprüfen, ob kein anderes Bauteil der Kutsche die Gefahr birgt, dass Ihr Pferd mit den Beinen anschlagen könnte. Wenn das nicht der Fall ist und das Ortscheit, wie meist üblich, in der Höhe des Sprunggelenks oder etwas höher liegt, nehmen Sie das Maß vom Ortscheit bis zur Vorderkante des Kutschbocks.

Nun brauchen Sie noch das Maß des Pferdes vom Trageisen bis zum Schweifende. Die Schere muss so verlängert oder verkürzt werden, dass sie an der richtigen Stelle in der Tragöse zu liegen kommt.

Gute Scheren bzw. Gabeln sind in der Länge bzw. durch Drehen im vorderen Teil auch in der Breite verstellbar und können so dem Pferd besser angepasst werden.

Nun müssen Sie sich das Maß vom Ortscheit zum Brustblatt merken, damit später die Zugstränge entsprechen verschnallt werden können.

Die Höhe der Gabel/Schere ist so einzustellen (bei abgefederten Modellen ist dies manchmal nötig), dass sie leicht in den Trageisen aufliegt. Ein gutes Maß sind etwa 2-3 cm tiefer als das Trageisen.

Nach dieser groben Voreinstellung können Sie die Kutsche zur ersten Augenscheinnahme einmal ans Pferd heranziehen.

Einachser (Gig, Sulky)
Es war bereits die Rede davon, dass die richtige Balance beim Einachser ganz besonders wichtig ist, damit der Wagen das Pferd weder hochhebt wie das bedauernswerte Eselchen auf Seite 41 (so wie es aussieht, scheint es eher erleichtert darüber zu sein, Feierabend zu haben...) noch ihm ständig schwer im Rücken hängt.

Grundsätzlich wird dies über die passende Größe/Höhe des Wagens bzw. der Räder, zusätzlich aber auch über das Verschieben der Sitzbank geregelt.

Probieren Sie aus: Wenn eine Person auf dem Wagen sitzt, muss der Wagen so ausbalanciert sein, dass Sie ihn an den Gabelenden ohne großen Kraftaufwand in der Waagerechten halten können.

Nicht bei allen Modellen ist die Sitzbank verstellbar; dann ist die richtige Längen- und Höheneinstellung der Schere bzw. Gabel besonders wichtig. Wenn die Sitzbank im angespannten Zustand 1 bis 2 Grad nach vorne neigt, ist das durchaus akzeptabel.

Der Hersteller kann dies durch Verändern der Radgröße, aber auch durch entsprechendes Biegen der Scherbäume erreichen. Wenn größere Veränderungen zur Serienausfertigung nötig sind, kann es sein, dass die Schere auch verlängert werden muss. Bei diesen Wagen ist auch die Breite der Schere meist nicht einstellbar.

Zweispänner
Beim Zweispänner ist die Grundeinstellung ein klein wenig leichter. Die Länge und die Höhe der Deichsel werden wie beim Einspänner ermittelt. Wer mit Spielwaage fährt, muss das Maß des "Spiels", das die Ortscheite haben, addieren.

Voreinstellung des Geschirrs
Das Geschirr muss am Halskoppelriemen und an den Zugsträngen eingestellt werden. Zuerst wird die Länge der Zugstränge eingestellt. Der Halskoppelriemen muss so verschnallt sein, dass vom Brustblatt bis zum Ortscheit eine nicht gebrochene Gerade entsteht. Ist ein Riemen zu kurz geschnallt, dann drückt der Zug in den Nacken.

Die Zugstränge sind dann richtig, wenn das Pferd anzieht und die Schere/Gabel immer noch frei in den Trageösen ruht. Ein zu langer Zugstrang führt dazu, dass Ihr Pferd mit der Gabel/Schere zieht anstatt mit den Zugsträngen.

Sie sollten das Pferd bei der ersten Fahrt unbedingt etwas großzügiger nach vorne schnallen. Die Beobachtung während der Fahrt gibt Aufschluss, ob Sie die Einstellung noch verändern und das Pferd etwas näher an die Kutsche stellen können.

Beim Zweispänner wird die Länge der Zugstränge genau wie beim Einspänner eingestellt. Zusätzlich ist aber darauf zu achten, dass Sie die Oberblattstrupfe nicht so kurz schnallen, dass der Zugstrang am Kammdeckel nach oben gezogen wird. Er muss in einer Linie mit dem Brustblatt gerade nach hinten verlaufen. Zusätzlich müssen die Aufhalter verschnallt werden.

Beim Fahren mit der Spielwaage ist dann das zusätzliche Maß der Spielwaagenbewegung zu berücksichtigen.

Falsch: Hier ist die Zuglinie vom Brustblatt zu den Zugsträngen gebrochen. Sie sollte in gerader Linie nach hinten verlaufen.

Anschirren und Anspannen des Einspänners

Da das Anschirren und Anspannen den Anfänger meistens vor ein unüberwindlich scheinendes Chaos von Riemen und Schnallen stellt und Worte in diesem Fall mehr verwirren als helfen, finden Sie auf den folgenden Seiten eine Bilderserie zum richtigen Auflegen des Geschirres und Anspannen an den Wagen, und zwar zunächst beim **Einspänner.**
Die Bildfolge ist dabei jeweils oben links, oben rechts, unten links und unten rechts.

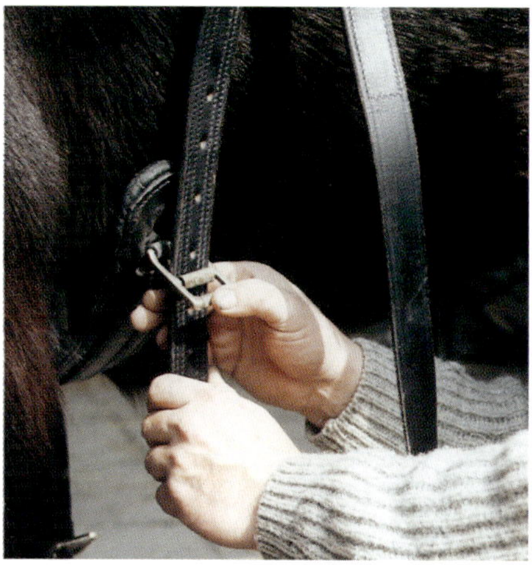

Als erstes wird das Selett in Höhe des Widerristes aufgelegt und mit dem Haarstrich nach hinten in die richtige Lage geschoben, anschließend mit dem großen Bauchgurt fixiert. Wichtig ist, dass der vom Selett kommende Riemen durch die innere Schnalle des Bauchgurtes läuft und nicht durch die äußere.

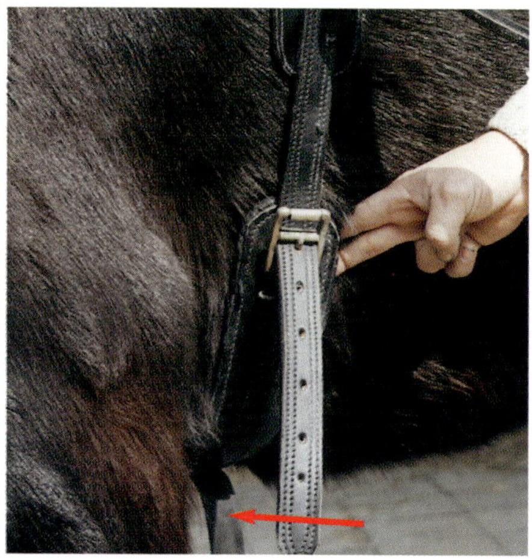

Der große Bauchgurt soll etwa so fest geschnallt werden wie ein Sattelgurt. Wenn Sie noch zwei Finger dazwischenbekommen wie hier, liegen Sie etwa richtig. Der so genannte "kleine Bauchgurt", der auf dem eigentlichen Bauchgurt aufgenäht ist, hängt noch frei herab (Pfeil) und wird erst später gebraucht.

Der Schweifriemen wird über den Schweif gezogen und im Fallring des Seletts eingehakt. Ein Haken an dieser Stelle ist praktischer als eine Schnalle.

Der Schweifriemen darf nicht zu stramm gespannt sein. Etwa eine Handbreit sollte noch dazwischenpassen.

Bevor man mit dem Brustblatt zum Pferd geht, legt man es so zusammen wie hier. Die Halskoppel hängt nach unten und in Richtung des Fahrers, die Zugstränge liegen über dem Brustblatt.

So vorbereitet, lässt sich das Brustblatt bequem über den Pferdekopf streifen. "Filou" taucht bereitwillig hinein.

Weiter unten am Hals wird das Brustblatt dann mit Fallrichtung der Mähne in die richtige Lage gedreht und zurechtgerückt.

Damit die Zugstränge nicht auf den Boden hängen, werden sie zunächst gekreuzt über den Pferderücken gelegt.

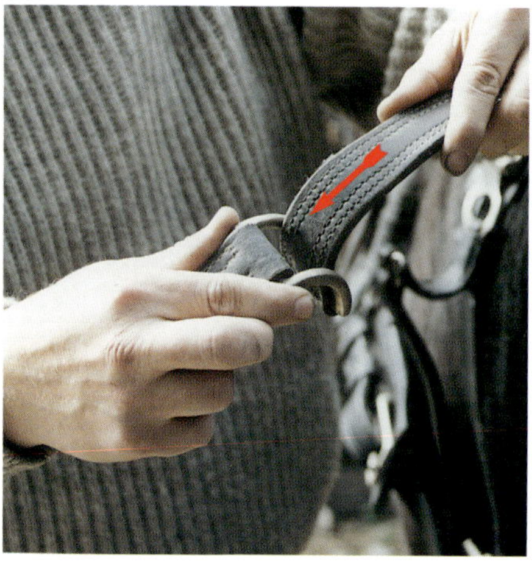

Durch Ineinanderschieben der Schlaufe am Ende des Zugstranges wird die Öse zum Einhängen ins Ortscheit vorbereitet.

Fertig vorbereiteter Zugstrang.

Die fertig vorbereiteten Zugstränge werden gesichert, indem man sie über Kreuz unter dem Schweifriemen hindurch schiebt.

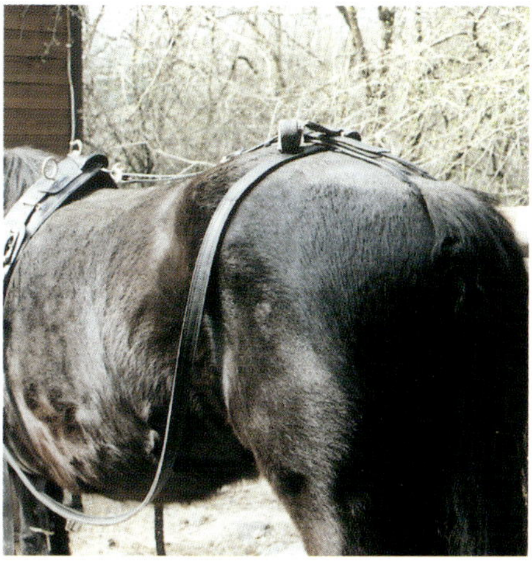

So sind die Zugstränge gut gegen das Herunterfallen gesichert.

Jetzt kann die Fahrleine durch die Ringe von Selett (Leinenschlüssel) und Halskoppel eingezogen werden.

Die übrige Leine wird in Schlaufen gelegt und vorläufig durch den linken Leinenschlüssel gezogen, damit sie nicht herunterbaumelt.

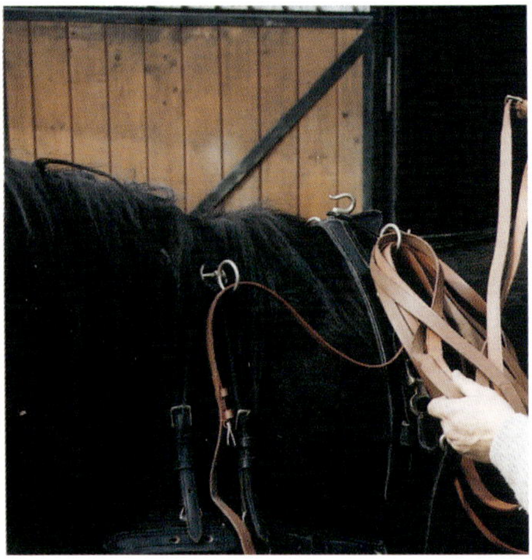

Die Fahrleine ist fertig verstaut. Der Fachmann sagt, sie ist “abgehängt”.

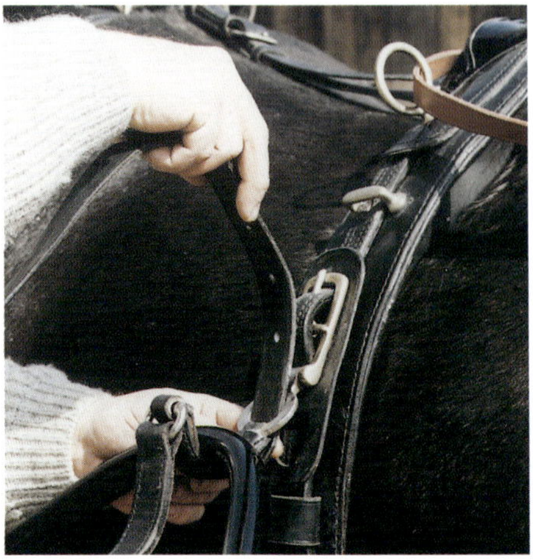

Danach wird die Kutsche ans Pferd gezogen. Die Scherbäume werden in die Trageösen des Seletts gelegt und wie gezeigt befestigt.

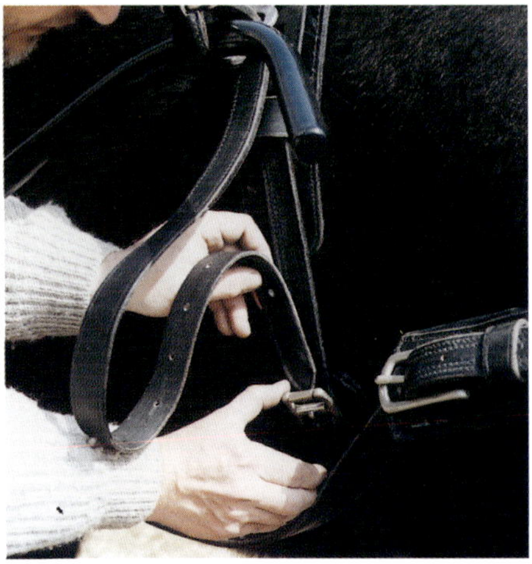

Das Riemenende der Trageöse wird, nachdem es einmal um den Scherbaum geführt wurde, ...

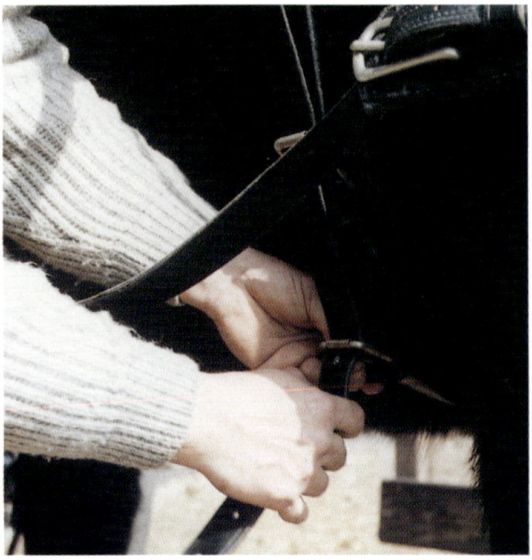

... in die Schnalle des kleinen Bauchgurtes geschnallt.

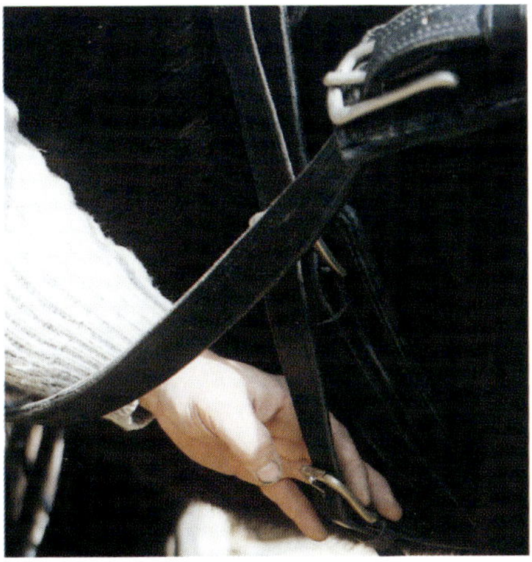

Der kleine Bauchgurt darf nicht zu eng geschnallt werden. Soviel Luft muss sein.

Jetzt werden die Zugstränge im Ortscheit eingehängt.

So liegt der Strang richtig über dem Ortscheit. Das spitz zugeschnittene Lederendstück muss oben liegen und nach hinten zeigen (Pfeil).

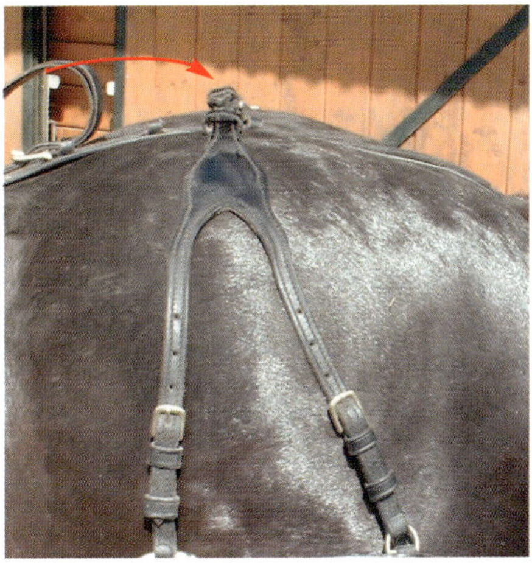

Jetzt wird das Hintergeschirr aufgelegt und mit dem Schweifriemen fixiert.

Das Hintergeschirr wird in den dafür vorgesehenen Ösen an der Gabel/ Schere verschnallt, und zwar so lang, dass es sich strafft, bevor die Kutsche die Hinterbeine des Pferdes berührt.

Um die Handhabung zu vereinfachen, kann man auch das in der Länge voreingestellte Hintergeschirr mit einem Schnapphaken an der Gabel oder Schere befestigen.

Das Kopfstück muss gut sitzen: der Nasenriemen soll ein bis zwei, der Kehlriemen etwa drei bis vier Fingerbreit Luft haben. Der Stirnriemen darf die Ohren nicht einklemmen.

Die Fahrleine wird eingehängt. Anstatt der üblichen Schnalle tut es auch ein leichter zu bedienender Karabinerhaken.

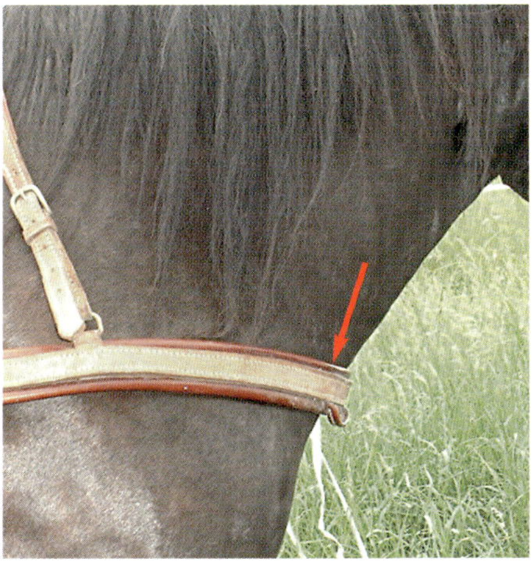

Falsch:
Das Brustblatt liegt zu hoch und drückt auf die Luftröhre.

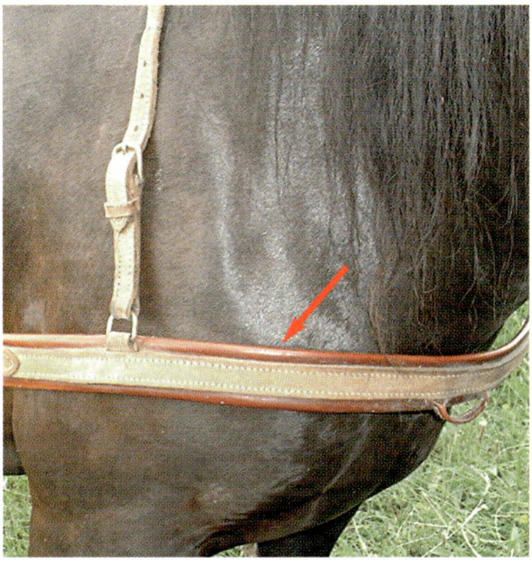

Falsch:
Das Brustblatt liegt zu niedrig und drückt aufs Buggelenk.

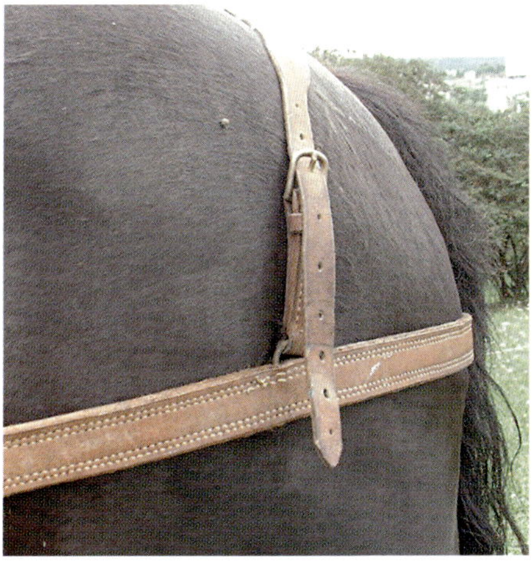

Falsch:
Das Hintergeschirr liegt zu hoch.

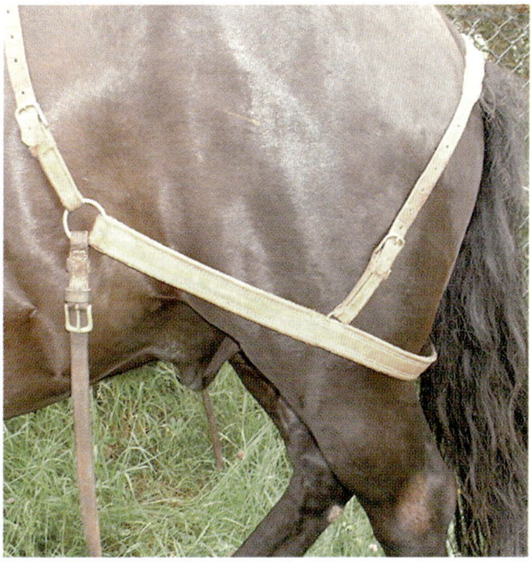

Falsch:
Das Hintergeschirr liegt zu tief.

Braucht man ein Hintergeschirr?
Das Hintergeschirr dient dazu, dem Pferd ein Bremsen des Wagens zu ermöglichen. Das Bremsen über das Hintergeschirr ist aber enorm belastend für das Pferd. Sie finden es ja auch nicht angenehm, wenn Sie beim Abstieg von einem steilen Berg auch noch eine von hinten kräftig schiebende Last aufhalten müssen. Das Hintergeschirr ist also nicht die Standardbremse, sondern nur eine Absicherung für den Notfall: Wenn der Fahrer geträumt und nicht gebremst hat oder die Wagenbremse versagt, hält es den Wagen rechtzeitig, bevor er dem Pferd in die Beine laufen kann. Das Hintergeschirr ist so zu verschnallen, dass man genung Weg hat, um mit der Bremse zu arbeiten, ohne dass das Hintergeschirr in Einsatz kommt; aber kurz genug, um das Auflaufen des Wagens verhindern zu können.

Abschirren
Nachdem das Pferd angebunden wurde bzw. festgehalten wird und die Kutsche mit der Bremse arretiert wurde, schirrt man in umgekehrter Reihenfolge ab. Sichern Sie die Zugstränge wie beim Anschirren unter dem Schweifriemen.

Anschirren und Anspannen des Zweispänners

Beim Zweispänner geht alles ähnlich vonstatten wie beim Einspänner, wir müssen uns aber mehr Gedanken ums Verschnallen der Fahrleine machen. Anstelle der Gabel oder Schere haben wir nun eine Deichsel, die über die Aufhalter mit den Pferden verbunden ist.

Das Anspannen von zwei Pferden geht nicht ohne Helfer.

Achtung! Das hier im Bild gezeigte Anspannen findet keine Gnade vor Achenbach-Puristen! Vom unkonventionellen Kopfstück einmal abgesehen, wäre es nach Achenbach ein großer Fehler, zuerst die jeweils inneren Zugstränge einzuhängen anstatt der äußeren. Nach Achenbach hängt man zuerst außen ein, um zu vermeiden, dass das Pferd seitlich von der Deichsel weg tritt. Dafür setzt der Mensch sich aber nachher einem recht hohen Sicherheitsrisiko aus, denn er muss hinter/unter das Pferd kriechen, um den inneren Strang später einzuhaken. Nur zu leicht kann er dabei über den äußeren Strang stolpern!

Nach dem Achenbach-Fahrsystem ist es ganz wichtig, zuerst das rechte (das Handpferd) und dann das linke (das Sattelpferd) einzuspannen. Im Grunde ist das aber egal und nur eine Frage der Konvention. Probieren Sie selbst aus, in welcher Reihenfolge das Anspannen bei Ihren Pferden am besten funktioniert und behalten Sie diese dann bei, denn Pferde sind Gewohnheitstiere.

Auch unsere Art der Leinenverschnallung weicht von Achenbach ab. Dort werden die äußeren Leinen bereits eingezogen, bevor die Pferde an die Deichsel geführt werden. Wir hängen sie lieber vorher am Wagen zurecht. Bei der Zweispännerleine ist, wie bereits erwähnt, die richtige Einstellung wichtig. Um welches Maß die innere Leine länger sein muss, hängt von der Breite der Pferde ab: je breiter die Pferde, desto länger die sich kreuzenden inneren Leinen. Probieren Sie aus: Die Länge ist richtig, wenn bei leicht angenommener Leine alle vier Maulwinkel gleichmäßigen Kontakt haben.

Nochmals möchte ich darauf hinweisen, dass die Achenbach-Leine mit ihrer fein regulierbaren Verschnallung keinen Sinn macht, wenn mit Spielwaage gefahren wird. Hier müssen Sie die Leinenführung flexibel von Hand regulieren. Nur bei festen Bracken erfüllt die Achenbach-Leine ihren Zweck.

Genau wie beim Einspänner wird zuerst das Brustblatt über den Kopf gezogen und am Hals in die richtige Position gedreht, dann der Bauchgurt geschlossen.

Der vorher ausgehakte Schweifriemen wird übergezogen. Überprüfen Sie sorgfältig, ob keine Haare im Schweifriemen eingeklemmt sind.

Die Leine wird fertig vorbereitet an den Wagen gehängt. (Achtung: Das ist auch nicht nach Achenbach. Aber praktisch!)

Beide Pferde werden nun gleichzeitig an die Deichsel geführt.

Die Aufhalter (hier Ketten) werden befestigt. Hier ist die Befestigung an einem Halsriemen anstelle im Aufhaltering des Brustblattes gewählt.

Die Fahrleinen werden verschnallt. Beachten Sie die rege Zungentätigkeit von drei der vier Beteiligten.

Zuerst wird der innere Zugstrang eingehakt.

Dann braucht das Pferd nur noch hinten herumzutreten, und man kann bequem und gefahrlos den äußeren Strang einhängen.

Diese beiden Pferde haben gelernt, ruhig stehen zu bleiben, bis Fahrer und "Beifahrer" Platz genommen haben.

Ohne Aufregung und erst nach Aufforderung wird ruhig im Schritt losgefahren. Hier sieht man gut den gekreuzten Verlauf der Fahrleine.

Fertig aufgeschirrt mit Sieltec. Dieses Geschirr sieht gewöhnungsbedürftig aus, hält aber auch der Zugbelastung durch zwei "Dicke" problemlos stand.

MEIN FAHRSYSTEM

Das einspännige Fahren

Das einspännige Fahren wird aus zwei Hauptgründen von Freizeitfahrern bevorzugt: zum einen ist es billiger und zum anderen ist es durchaus möglich, alleine zurecht zu kommen. Nur für Zugaufgaben, bei denen ein Pferd an seiner Leistungsgrenze oder eventuell schon überfordert sein könnte, macht es Sinn, über das zweispännige Fahren nachzudenken.

Auch wenn Herr von Achenbach es sich nicht vorstellen konnte, ohne Dienstpersonal auszukommen, haben die meisten von uns doch nicht ständigen Zugriff auf eine große Zahl von Dienerschaft, die bei Vorbereiten und Fahren assistieren kann und auch nicht jeder von uns besitzt einen Reitstall oder hat sein Pferd in dem selben stehen, sodass er ständig auf andere Einsteller zurückgreifen kann, die ihm beim Fahren helfen.

Wenn Sie ohne Helfer fahren wollen oder müssen

Ich habe an anderen Stellen dieses Buches schon darauf hingewiesen, dass die Sicherheit für Pferd und Fahrer stets allererste Priorität hat. So muss auch das einspännige Fahren, wenn ich es alleine bewerkstelligen will, so organisiert sein, dass es keine Kompromisse im Hinblick auf die Sicherheit gibt.

Der Werdegang ist bei vielen der gleiche: Anfänglich ist man durch die Fülle an neuen Aufgaben alleine sicherlich überfordert und benötigt eine kompetente Assistenz. Schon sehr schnell wird man aber merken, dass es immer etwas schwieriger ist, mehrere Personen unter einen Hut zu bekommen und die eine oder andere Ausfahrt wird nicht stattfinden, weil kein gemeinsamer Termin gefunden werden konnte. Es gibt nicht Schädlicheres für Ihr Fahrpferd und auch für Sie als Anfänger im Fahren, als nicht mehr zu fahren. Es ist also nun konsequent, wenn man versucht, die Aufgaben alleine zu bewältigen. Ein riesengroßer Teil der Unfälle passiert aber genau in der Phase des Anspannens, Aufsitzens auf den Bock und beim anschließenden Losfahren.

Anspannen ohne Helfer

Um zumindest einspännig sicher und frei von der Gefahr eines Unfall alleine Fahren zu können, müssen Sie sowohl baulich als auch in der Ausbildung des Fahrpferdes vermutlich noch ein wenig nachlegen! Ich möchte hier einmal eine Möglichkeit beschreiben, mit der allen Forderungen nach Sicherheit genüge getan ist. Sie ist nur eine von vielen und es gibt sicherlich unzählige andere, das selbe Ziel zu erreichen. Nach Analyse Ihrer Gegebenheit zuhause oder an Ihrem Stall ist dem Ideenreichtum keine Grenze mehr gesetzt.

Ein für das Fahren geeignetes Pferd lässt sich problemlos anbinden, und ist, nachdem es links und rechts angebunden wurde, auch in der Lage, die Zeit bis zur Abfahrt ruhig stehen zu bleiben. Man sollte also zwei pferdgerechte Anbindepfosten links und rechts stabil im Boden befestigen, am besten einbetonieren. Der Abstand der beiden Pfosten sollte mindestens 70 cm mehr als die Spurweite des Kutschwagens betragen. Ich binde meine Pferde zwischen diesen beiden Pfosten mit dem Halsriemen an. Mir ist klar, dass diese Form des Anbindens für heftige Pferde ungeeignet ist, und ich würde diese Art der Anbindung auf fremden Grundstücken, wo die Situation für das Pferd durch das Unbekannte eventuell

Das Anbinden am Halsriemen ist bei Fahrpferden besonders praktisch, weil der Kopf für das Aufziehen des Fahrzaums frei bleibt. Das Pferd muss dazu aber anbindesicher sein.

Rechts und links sicher angebunden.

anders sein könnte, nicht anwenden, genauso wie ich es bei fremden, mir nicht so gut bekannten Pferdes tun würde. Der sicherste Weg ist das Anbinden des Pferdes zwischen den beiden Pfosten mit einem Halfter. Dies hat gegenüber dem Halsriemen lediglich den Nachteil, dass Sie zuerst das Halfter ausziehen und dann das Fahrkopfstück anziehen müssen.

Wenn Sie keine Scheuklappen verwenden, können Sie das Fahrgebiss auch einfach mit Knebeln in das (gut sitzende) Halfter einhängen und haben es so besonders praktisch. Ich nehme an, es ist klar, dass ein Pferd niemals am Gebiss angebunden werden darf!

Wunderbar eignet sich auch das Kopfstück des Sieltec Geschirres aus Kunststoff-Hohlseil. Mit wenigen Handgriffen kann man einen oder besser zwei zusätzliche Ringe in den Nasenriemen einarbeiten, an denen das Pferd angebunden werden kann.

So angebunden wird das Pferd geputzt und aufgeschirrt wie zuvor in der Bildreihe beschrieben.

Die ganze Zeit, bis auf den kleinen Moment, an dem die Anbindestricke für das Auflegen des Brustblattes geöffnet werden, ist das Pferd angebunden.

Nach der Abschlusskontrolle, ob alles richtig sitzt und wir nichts vergessen haben, könnten wir nun losfahren.

Losfahren ohne Helfer

Auch hier gibt es zwei Möglichkeiten: Man kann mit einer Fernentriegelung arbeiten: Am Ende des Anbindestrickes sind so genannte Patentverschlüsse (auch bekannt als "Marathonhaken" und eigentlich gedacht zum raschen Befestigen und Lösen der Zugstränge bei sportlichen Geländefahrten), die mit einem langen Schnürchen vom Kutschbock aus geöffnet werden können. Es ist sehr wichtig und unbedingt zu beachten, dass man auf keinen Fall sofort nach dem Öffnen der Anbinder losfährt. Immer wieder abwechselnd, zwischen 30 Sekunden und fünf Minuten, lasse ich das Pferd vor dem Losfahren noch an der selben Stelle stehen, damit es sich gar nicht erst angewöhnt, gleich nach dem Losmachen davon zu stürmen. Ich habe zu Beginn dieses Abschnittes die zusätzliche Ausbildung angesprochen, die das Fahrpferd haben sollte, damit eine Person alleine sicher anspannen und fahren kann. Die wichtigste Voraussetzung dazu ist die Bodenarbeit zu Fuß und vor allem das so genannte Fahren vom Boden aus. Wenn Sie am Boden Kontakt zum Pferdemaul aufnehmen, darf Ihr Pferd ohne das dazugehörige Stimmkommando nicht antreten.

In Fahrkursen nach Achenbach exerziert man eine recht komplizierte Technik des Aufnehmens der Fahr-

Patenthaken geschlossen. (Firma Sprenger)

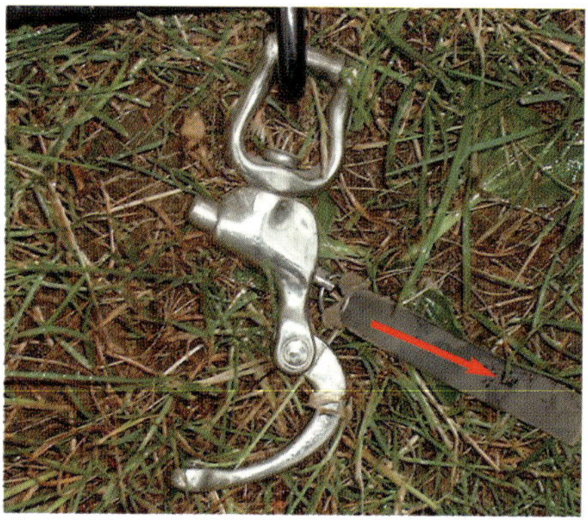

Patenthaken offen.

leine: Sie wird vor dem Aufsitzen auf den Kutschbock auf ganz bestimmte Art und Weise in Schlaufen gelegt, damit das Pferd, sollte es aus irgend einem Grunde losgehen, bevor der Fahrer Platz genommen hat, nur im Kreis gehen kann. Dies nützt einem aber nur, wenn man am Ort des Anspannens auch entsprechend viel Platz hat, um im Zweifelsfall einen Kreis fahren zu können. Bei meiner Konstruktion mit den beiden seitlich aufgestellte Anbindern funktioniert das nicht: Der Wagen würde hängen bleiben. Also verfahre ich beim Aufnehmen der Leine anders.

Ich brauche den Kontakt zum Pferdemaul, wenn ich die beiden Anbindestricke öffne. Zu diesem Zeitpunkt stehe ich am Kopf oder am Hals des Pferdes. Von hier aus nehme ich die Fahrleine auf und stelle eine Verbindung zum Pferdemaul her, die ich darauf hin sofort wieder nachgebe. An der hingegebenen Fahrleine, also um wenige mm länger als das Maß der langen Fahrleine wäre, halte ich fest und verlängere immer wieder soviel, bis so weit nach hinten gewandert bin, dass ich auf den Kutschbock aufsitzen kann. Wie gehabt warte ich mit dem Anfahren einen kleinen Moment, in dem das Pferd nicht antreten darf.

Nochmals: Dies setzt eine intensive Vorarbeit vom Boden voraus. Üben Sie das Antreten auf Stimmkommando und das Stillstehen ausgiebig ohne Kutsche, aber mit Fahrgeschirr, Fahrkopfstück und eventuell auch einer Schleppe.

Ein alter Autoreifen tut gute Dienste zu Übungszwecken. Spannen Sie erst an, wenn Ihr Pferd sicher auf Stimme geht.

Losfahren mit Helfer

In Fahrkursen und -büchern nach Achenbach wird gelehrt, dass eine Hilfsperson vor dem Pferdekopf (oder den Pferdeköpfen) stehen und das Pferd/die Pferde an den Backenstücken des Fahrzaumes festhalten soll. Erst im Moment des Anfahrens, wenn der Kutscher das Kommando gibt, tritt der Helfer seitlich weg.

Ich finde diese Methode aus zwei Gründen nicht praktikabel: Zum einen wird es niemandem von uns gelingen, ein Pferd am Backenstück des Zaumes ernsthaft festzuhalten, wenn es denn losmarschieren will. Es dreht höchstens den Kopf zur Seite und geht trotzdem weiter. Jeder, der schon einmal versucht hat, ein Pferd am Backenstück eines Stallhalfters festzuhalten, weiß das. Wenn also schon jemand das Pferd wirklich festhalten und nicht nur pro forma vorne stehen soll, dann ist es sicherer, einen zusätzlichen Führzügel mit Karabinerhaken in das Fahrgebiss einzuhaken und beim Losfahren auszuhaken. Noch schneller hat man das Pferd befreit, wenn man, wie bei Galopprennpferden im Führring praktiziert, eine Lederschlaufe durch beide Gebissringe zieht, die sich einfach öffnet, wenn man ein Ende loslässt.

Mit einem Helfer ist das Anspannen natürlich um vieles leichter. Er sollte das Pferd aber auch wirklich halten können und nicht nur zur Dekoration dastehen.

Der zweite Grund, warum mir das Achenbach'sche Helferprinzip nicht gefällt, ist, dass die Pferde sich daran gewöhnen, sofort loszugehen, wenn der Helfer vom Kopf weggeht. Ich möchte aber, dass mein Pferd auch dann noch ruhig stehen bleibt, wenn der Helfer schon weg ist. Üben Sie auch diese Situation vorher ausgiebig vom Boden aus.

Das Anfahren

Es mag banal klingen, aber denken Sie daran, dass zum Anfahren die Bremse gelöst sein muss. Im Eifer des Gefechtes wird dies gelegentlich doch vergessen.

Nun nehmen Sie den Kontakt zum Pferdmaul auf und sprechen das Pferd mit seinem Namen an. Das Pferd sollte nun immer noch nicht losgehen. Erst mit einer kurzen halben Parade (also einem leichten einseitigen “Klingeln” an der Leine) und mit dem Nachgeben absolut zeitgleichen Stimmkommando beginnt die Fahrt.

Der Einsatz der Fahrpeitsche sollte beim Anfahren überflüssig sein. Die wichtigste Hilfe des Fahrers bleibt die Stimme. Wenn das Pferd hier nicht sicher reagiert, braucht es noch weitere Ausbildung vom Boden aus.

Bei vielen Pferden wird es so sein, dass sie sich nach dem Anfahren deutlich nach vorn strecken. Sie sollten ihnen mit möglichst weicher Hand den Freiraum geben, um dies auch zu tun. Es macht wenig Sinn, hier mit harter Hand zu agieren, das Pferd also im Maul zu stören um dann gleichzeitig mit der Peitsche zu treiben. Solche harten Hände führen sehr schnell zu "Unsitten" die man als Freizeitfahrer sicher nicht haben will, wie z.B. das "Schaukeln" und in das Geschirr springen.

Kurz zusammengefasst: Sie sollten, abgesehen von der halben Parade als Einleitung zum Antreten des Pferdes, die ganze Zeit an der langen (das heißt nicht weggeschmissenen!) Fahrleine fahren und das Pferd mit weicher Hand möglichst gar nicht stören. Bei Pferden, die gut vom Boden aus vorbereitet wurden, ist nicht mehr nötig.

Wir fahren los

Die ersten 15 Minuten der Fahrstrecke sollte Ihr Pferd im Schritt gehen und in dieser Zeit auch möglichst keine größere Steigung bewältigen müssen. In diesen ersten Minuten, in der sich das Fahrpferd lösen sollte, wäre es natürlich schön, wenn Sie einige Wendungen fahren könnten, bei denen sich das Pferd ausgiebig biegen und dehnen kann.

So vorbereitet ist es dann von der Muskulatur, den Sehnen, Bändern und Knorpelflächen auch körperlich auf eine höhere Leistungsanforderung vorbereitet.

Das Pferd soll ruhig antreten und nicht hektisch losrennen.

...Leinensalat?
Oder: Braucht man zum Fahren starke Oberarme?

In fast jeder Fahrschule und auch fast allen Fahrbüchern ist ein Hauptbestandteil des Stoffes, die Achenbach'schen Griffe zu erlernen. Nach dem Achenbachsystem muss die Fahrleine in einer ganz besonderen Art zwischen den Fingern der Hand liegen, beim Fahren von Wendungen wird auf bestimmte Weise umgegriffen. Es ist sicher kein Fehler, auch diese Art des Fahrens zu kennen, und für jeden, der später einmal bei einem Turnier mitmachen will, ist sie im Hinblick auf eine gute Bewertung auch unerlässlich. Vor allem beim Fahranfänger trübt die Konzentration auf das richtige Anwenden dieser Griffe aber schnell den Blick für das Wesentliche. Vor lauter Bemühen, jetzt auch richtig von links nach rechts und zwischen hier und da in die Leine zu greifen und nicht etwa umgekehrt, vergisst der Fahranfänger schnell darauf zu achten, was eigentlich sein Pferd macht.

Der wichtigste Grundsatz für den Einspänner aus der Achenbach'schen Fahrlehre ist, dass alle Wendungen immer über ein Nachgeben der äußeren Fahrleine eingeleitet werden. Damit das Nachgeben der äußeren Fahrleine eine Wirkung zeigt, muss das Pferd in permanenter Anlehnung laufen, denn nur, wo Spannung herrscht, kann man auch nachgeben. Es geht nicht nur mir so, dass ich das aus früheren Reitschulzeiten bekannte "vorne halten und hinten treiben" als wenig vergnüglich für Pferd und Mensch empfinde, und mit dieser Auffassung vom Umgang mit Pferden stehe ich sicherlich nicht alleine.

Ich erinnere mich noch an meinen ersten Fahrkurs: Ich verbrachte viele Stunden am Fahrlehrgerät und übte die für meine Finger ungewohnten Griffe. Ebenfalls erinnere ich mich an die Gewichte, die am anderen Ende der Fahrleine angebracht waren. Anfänglich mutmaßte ich noch, dass sie nur dazu dienten, die Leinen am Übungsgerät stramm zu halten. Das erschien mir vollkommen logisch! Ich wurde aber eines besseren belehrt, denn der Fahrlehrer erklärte mir, dass dieses Gewicht (ca. 5 kg) doch ziemlich genau dem entsprechen würden was ich auch auf dem Kutschbock später in der Hand hielte. Ein Autor eines Fahrbuches empfiehlt sogar Hanteltraining für Arm- und Fingermuskulatur! Ich werde das nie begreifen: Wenn ein Mensch sich einen Hut auf den Kopf zieht (und das müsste jeder Achenbachfahrer nun doch genau wissen), dann spürt er zu Anfang, besonders dann, wenn er lange keinen Hut getragen hat, denselben sehr genau und bewusst auf dem Kopf. Eine halbe Stunde später ist dieses unangenehme Gefühl verloren. Es tritt eine Reizgewöhnung ein. Dieser Stoff aus der Unterprima gilt für Hüte und mit absoluter Sicherheit auch für Pferdemäuler. Ein permanenter Druck hat die Gewöhnung an den Reiz zur Folge und verschlechtert garantiert die Durchblutung in den Kapillaren. Und an meine Hände will ich gar nicht erst denken. Oder waren Sie etwa auch der Meinung, man braucht Fahrhandschuhe, um nicht so viele Blasen an den Händen zu bekommen? Tut mir leid, diese Art des Fahrens (des Reitens übrigens auch) macht mir keinen Spaß. Den Pferden vermutlich übrigens auch nicht.

Wie fährt man also um die Kurve?
Zurück zu unseren Wendungen. Wenn Sie Ihr Pferd an der langen Leine laufen lassen, würde ein Nachgeben nach Achenbach zum völligen Verlust des Kontaktes führen. Das aber gilt es zu vermeiden, denn die hingegebene Fahrleine hat dann keinen Effekt auf die Richtungsänderung, birgt aber das Risiko, dass sie sich im Gebiss verfangen kann. Das Resultat können sie sich vermutlich vorstellen.

Das Fahren von Wendungen muss also aus dem Zusammenspiel von Verkürzen der inneren bei gleichzeitigem Nachgeben der äußeren Fahrleine geschehen.

Meine Leine mit "Griff"

Als Ersatz für komplizierte Griffe habe ich es mir einfacher gestaltet: Ich verwende eine Sieltec - Fahrleine aus Kunststoff-Hohlseil (theoretisch tut es für den Einspänner auch jedes Kunstfaser-Rundseil aus dem Baumarkt oder Segel- bzw. Bergsteigerbedarf, das angenehm in der Hand liegt und sich

Meine Fahrleine mit Handschlaufen und versteiftem Griffstück.

nicht dehnt). Die Mitte des Leinenendes habe ich mit einer Stange versteift. So ist es mir möglich, durch das einfache Drehen des Handgelenks gleichzeitig eine Fahrleine zu verkürzen und dabei die andere zu verlängern. Bei einer ledernen Fahrleine ist das übrigens genauso einfach. Man muss die auf das richtige Maß gekürzte Fahrleine am Handteil in der Mitte nur mir einem Holz oder Kunststoffstab versteifen. Es wird mit Klebeband umwickelt und ist so fest fixiert.

Achtung! Nur, wenn Sie in der Mitte des Kutschbockes Platz nehmen, darf diese Versteifung auch in der Mitte der Fahrleine sein! Sobald Sie seitlich sitzen, muss auch Ihr "Handstück" in der Leine seitlich versetzt sein, damit Sie bei Rechts- und Linkswendungen gleichermaßen nachgeben können. Das Handstück hat die richtige Position, wenn es bei angenommener Leine und gerade stehendem Pferd parallel zu Ihren Schultern verläuft, obwohl eine Leinenhälfte länger ist als die andere.

Auf gar keinen Fall, auch wenn in jedem Westernfilm so gezeigt, darf die Fahrleine auf den Rücken des Pferdes geklatscht werden, um es anzutreiben! Und auch das völlige Hingeben der Fahrleine kann fatal werden.

Wenn die Fahrleine hingegeben ist, besteht keine Verbindung mehr zum Pferdemaul. Ohne Verbindung zum

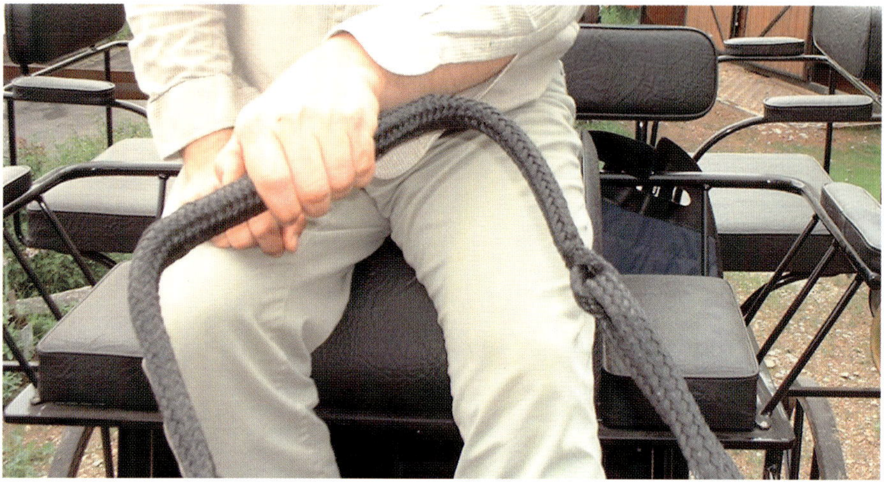

Wendung fahren mit meiner Leine.

Pferdemaul können Sie aber die Bewegungsrichtung und das Tempo des Pferdes nicht mehr kontrollieren.

In dieser Situation ist nicht auszuschließen, dass Sie schnell reagieren müssen und gefühllos dem Pferd im Maul reißen.

Ein Pferd, das dieses Erlebnis öfter hat, wird unwillig.

Kehrtwendungen

Kehrtwendungen sind besonders scharfe Wendungen. Dabei wendet das Pferd so eng, dass der Drehkranz bis "an den Anschlag" eingedreht wird. Mit dieser Wendung kann man auf kleinstem Raum sein Gespann wenden, um dann in die Gegenrichtung zu fahren. Nach der Achenbach'schen Fahrlehre sind Kehrtwendungen nach links und nach rechts unterschiedlich und damit auch unterschiedlich zu fahren. Der Unterschied ist aber nur (!) dann gegeben, wenn Sie nicht in der Mitte des Kutschbockes sitzen. Wenn Sie auf der linken oder rechten Seite sitzen, sind der Deichsel- und der Fahrleinenkreis bei einer solchen Wendung unterschiedlich. Ich beschreibe im folgenden also nur das Fahren der Kehrtwendung mit der Sitzposition des Fahrers in der Mitte des Kutschbockes. In diesem Fall ist die linke und die rechte Kehrtwendung zwar seitenverkehrt, aber im Grundsatz identisch zu fahren.

Mit der Versteifung der Fahrleine und dem Verdrehen des Handgelenkes alleine ist bei einer Kehrtwendung nicht mehr ein ausreichendes Verkürzen der inneren und Nachgeben der äußeren Leine möglich. Stattdessen müssen Sie nun mit der inneren Hand (also die der Richtung zugewandte, in die Sie fahren möchten) etwa eine Armlänge weit nach vorn in die Leine greifen. Die äußere Hand bleibt in der Mitte der Fahrleine. Nun werden die innere und äußere Leine gleichzeitig angenommen bzw. nachgegeben.

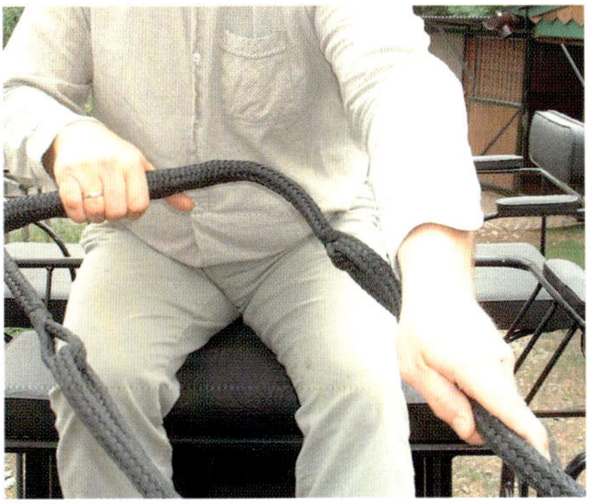

Kehrtwendung nach links vorbereiten: Die linke Hand greift eine Armlänge vor, die rechte bleibt in Ausgangsposition.

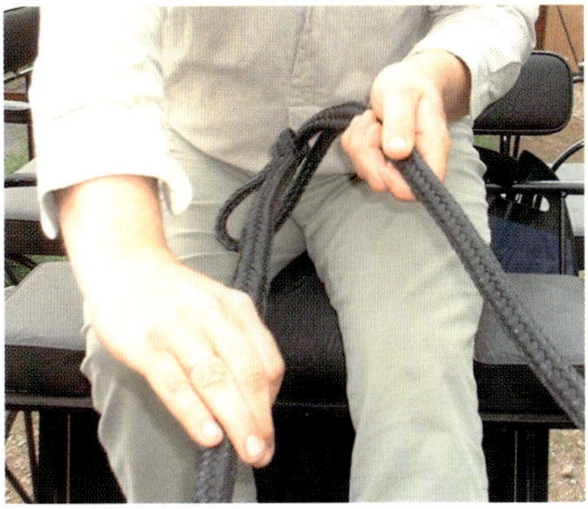

Kehrtwendung nach links fahren: Die linke Hand nimmt an, die rechte gibt nach.

Wenn das Maß der Wendung, das ich haben wollte erreicht ist, lasse ich die linke, weiter vorn gepackte Leine wieder los und habe mit der anderen Hand wieder die Ausgangshaltung fürs Geradeausfahren. Die Kehrtwendung ist abgeschlossen.

Man kann sich die Sache wie erwähnt erleichtern, indem man eine Leine mit verstellbaren Handschlaufen und Versteifung verwendet. Wenn Sie die Länge der Handschlaufen so einstellen, dass ihre Position der zum Kehrtwenden nötigen Armlänge entspricht, brauchen Sie zur Kehrtwendung nach links nur mit der linken Hand die Versteifung loszulassen und nach vorn in die Handschlaufe zu greifen. Rechtsherum natürlich entsprechend. Übrigens bekommt man im Zubehör für Trabrennsport Leinen mit Handschlaufen. Diese sind allerdings hinten offen, aber Sie können sie ja mit einem versteiften Zwischenstück verbinden.

Zwei wichtige Punkte sind vor dem Fahren einer Kehrtwendung zu beachten: Sie müssen die Qualität des Weges genau überprüfen. Durch den stark eingeschlagenen Drehkranz erreicht jeder Wagen hier die anfälligste Position für das Kippen. Logisch ist, dass auch hierfür die mittlere Sitzposition die Wagenstabilität verbessert. Wenden Sie nur da, wo keine tiefen Schlaglöcher und Gräben oder Rillen sind.

Logischerweise dürfen Sie im Straßenverkehr nur links herum kehrtwenden, denn für die Rechtskehrtwendung müssten Sie ja auf die linke Fahrbahn wechseln und kämen auf der rechten Fahrbahnseite wieder an.

Gebrauch der Bremse

Mit der Bremse soll der Wagen bei der Bergabfahrt so weit abgebremst werden, dass Ihr Pferd so laufen kann, als wäre der Wagen gar nicht da. Ihr Blick muss, um das zu erreichen, auf die Zugstränge gerichtet sein. Bei der Bergabfahrt dürfen die Zugstränge leicht von links nach rechts schwingen, sollten aber nicht in Richtung Boden durchhängen. Ein weiteres Zeichen für das richtige Maß des Bremsengebrauchs ist die Fahrleine. Da Sie bemüht sind, mit der langen Fahrleine stetig den Kontakt mit dem Pferdemaul zu erhalten, wird die Fahrleine bei zu spätem oder nicht ausreichend starkem Bremsen immer "länger", denn der Wagen kommt immer dichter an das Pferd. Das kann Ihnen als Fahranfänger genauso passieren, wie es dem Fahrschüler beim Autofahren passiert, der sein Auto beim Anfahren abwürgt.

Das Zusammenspiel von Topographie, Hand, Stimme und Bremse muss koordiniert sein und geübt werden. Damit Ihrem Pferd nichts passiert, haben Sie ja das Hintergeschirr als Sicherung richtig verschnallt.

Der Bremseneinsatz muss immer sachte geschehen. Auch wenn es Ihnen passiert ist, dass Sie zu spät an den Bremseneinsatz gedacht haben und das Hintergeschirr in Einsatz getreten ist, dürfen Sie nicht ruckartig in die Bremse treten, sondern müssen den Wagen sanft abbremsen, bis Fahrleine und Zugstränge wieder richtig positioniert sind.

Schwierig wird es bei Notfällen: Es ist einem Autofahrer kaum abzugewöhnen, dass er beim plötzlichen Auftreten eines Hindernissen hektisch auf die Bremse tritt. Das Pferd versteht das Problem zwar nicht, wird aber um so kräftiger weiter an dem Wagen ziehen, denn dafür ist es ausgebildet.

Auch in der Notsituation muss erst das Pferd und Sekundenbruchteile später der Wagen abgebremst werden. Diese Koordinationsübung sollten Sie trainieren, denn nur durch Training ist es möglich, den Abstand von Wagen zu Pferd in jeder Situation konstant zu halten!

Leine verkürzen und verlängern

Auch dieser Punkt nimmt in der Achenbachschen Fahrlehre einen großen Raum ein. Bei meinem Fahrsystem ist das nicht ganz so schwierig. Da ich im Gelände nie mit so intensivem Kontakt zum Pferdemaul fahre, ist auch fast nie ein Notwendigkeit zur starken Längenveränderung der Fahrleine gegeben.

Ich stelle die Länge der Fahrleine bei gespannten Zugsträngen richtig ein. Für mich ist die Idealposition für die Fahrleine so, dass ich den Ellbogen am Körper angelegt habe und den Unterarm rechtwinklig dazu nach vorne halte. Diese Angenehmposition mag bei anderen an einer anderen Stelle liegen, so dass Sie Ihr Wohlfühlmaß selber einstellen müssen. Bei meiner Grundposition der Leine habe ich nur durch die Bewegung des Armes 30 cm in Richtung Körper und 30 cm nach vorne. Diese 60 cm erreiche ich ohne die Bewegung des Oberkörpers oder der Schulter. Ich habe noch keine Situation beim entspannten Fahren erlebt, wo mir dieses Maß an Verlängerungs- oder Verkürzungsmöglichkeit der Fahrleine nicht gereicht hätte.

Das zweite, sicherlich genauso wichtige und einstellbare Maß ist das der Handschlaufen (so vorhanden). Ich bin Herrn Krüger vor allem für die Sieltec Fahrleine sehr dankbar, denn mit der traditionellen Lederleine hatte ich doch immer einen erhebliche Umbauaufwand, und musste auch von Kutsche zu Kutsche meine Leine neu und aufwendig einrichten.

Das ist bei der Sieltecleine völlig problemlos. Das Längenmass der Handschlaufen richte ich auf das "versammelte" Pferd. Wenn ich auf der großen abgemähten Wiese meine Eimer zum Kegelfahren aufstelle oder mir die Melone auf den Kopf setze, um dressurmäßig zu fahren, dann fahre ich zweihändig mit beiden Händen in den Schlaufen. Sie werden sehen, es geht auch ohne "Hand vor Hand verkürzen"...

Paraden

Paraden sind bei meiner Art des Fahrens nicht mehr, aber auch nicht weniger als eine Unterstützung der Stimme, um die Aufmerksamkeit des Pferdes auf eine kommende Veränderung zu lenken. Es gibt halbe und ganze Paraden: Die halbe Parade ist ein leichtes “Klingeln” an einer Leine - entweder nur auf einer Seite oder kurz rechts-links abwechselnd. Es wird nicht gezogen oder geruckt, sondern nur mit einer leichten Fingerbewegung bzw. kleinen Hin- und Herbewegung des versteiften Griffes beim Pferd “angeklopft”, ob jemand zuhause ist. Es weiß sofort Bescheid “Aha, jetzt kommt was “ - allerdings nur, wenn Sie die halben Paraden nicht verschleißen, indem Sie unaufhörlich an der Leine ruckeln. Fast gleichzeitig, ein wenig nach hinten versetzt wird mit Stimme und/oder Fahrpeitsche das neue Kommando gegeben.

Die "ganze Parade" ist ein gleichzeitiges Annehmen und Nachgeben *beider* Leinen.

Anhalten

Das Anhalten muss aus jeder Gangart problemlos und sehr schnell funktionieren. Zum Anhalten muss eine ganze Parade gegeben werden, indem man das Handgelenk nach unten dreht und kurz zeitversetzt die Hand etwa 2 cm zurücknimmt. Dazu gleichzeitig wird das Stimmkommando zum Anhalten gegeben. Erst, wenn das Pferd dem Kommando Folge leistet, kommt die Bremse zum Einsatz.

Der Versuch, ein Pferd mit dem Wagen bremsen zu wollen, wird mit Sicherheit scheitern. Auch mit blockieren Rädern zieht Ihr Pferd den Wagen mitsamt Passagieren weiter, wenn es denn unbedingt will.

Die ganze Parade war nur erfolgreich, wenn das Pferd wirklich mit allen vier Beinen steht. Sie sollten hier mit absoluter Konsequenz arbeiten und bei Geländefahrten dieses völlig ruhige Stehen bleiben auch ohne Helfer am Kopf immer wieder üben.

Rückwärtsrichten

Bevor Sie das Rückwärtsrichten des Gespannes üben, sollten Sie es mit Ihrem Pferd intensiv am Boden geübt haben. Auch wenn Sie sofort erkennen, dass Ihr Pferd sich ohne Murren sofort rückwärts bewegt, sollten Sie dies trotzdem oft wiederholen, um Ihr Pferd gut kennen zu lernen. Geht es wirklich gerade zurück?

Für das Rückwärtsfahren im Gelände ist es erheblich sicherer, dies mit einer Gig zu versuchen. Sie werden keinen "Knoten" in den Zweiachser bekommen und die Unfallgefahr ist erheblich geringer. Bei einem Pferd, das diese Übung beherrscht, ist das Rückwärtsrichten leicht:

Mit leichten halben Paraden, abwechselnd rechts und links fordern Sie das Pferd freundlich zum Zurückgehen auf, verbunden mit dem gewohnten Stimmkommando (zuurück!). Hören Sie mit den Paraden auf, sobald das Pferd rückwärts geht, also Ihrer Aufforderung Folge geleistet hat. Der nachlassende Druck im Maul bestätigt ihm, dass es das Gewünschte getan hat.

Versuchen Sie nie, ein Pferd mit Zügeln oder Leine gewaltsam nach hinten zu "ziehen"; Sie fordern nur Widersetzlichkeit heraus. Üben Sie stattdessen vom Boden aus das Zurückweichen auf leichte Signale und belohnen Sie Ihr Pferd jedes Mal für diese ihm unangenehme Bewegung. Geben Sie sich zu Beginn mit zwei oder drei Schritten zufrieden!

Wenn Sie mit einem vierrädrigen Wagen rückwärtsrichten wollen, vergewissern Sie sich vorher, dass die Achsen des Wagens völlig gerade stehen, damit Sie nicht eine ungewollte Richtung einschlagen oder gar im Graben landen.

Muss ein Freizeit-Fahrpferd sich versammeln?
Es ist immer wieder ein Streitpunkt unter Reitern, in wieweit das Fahren/ Reiten am langen Zügel bzw. der Fahrleine, von den einen verächtlich als "Latschen auf der Vorhand" beschimpft, abträglich für die Pferdegesundheit ist.

Lange Zeit wurde von vielen Pferdekennern und Reitern angenommen, dass die Versammlung des Pferdes zur Entlastung der Vorhand und damit zur Gesunderhaltung des Pferdes beiträgt. Beim Reiten wirkt dies zunächst einsichtig, weil durch ein "Setzen" auf die Hinterhand die Rückenmuskulatur aufgewölbt, das Nackenband gespannt und die Wirbelsäule entsprechend entlastet wird. Neuere Untersuchungen haben aber ergeben, dass das Reiten die Vorhand viel weniger stark belastet, als bisher angenommen. Sicher werden wir hierzu in näherer Zukunft noch interessante Forschungsergebnisse präsentiert bekommen.

Beim Fahrpferd ist die Situation aber eh eine ganz andere, weil nicht der Rücken in erster Linie belastet ist, sondern der Brust- und Schulterbereich. Die Kraft wirkt auch nicht fast senkrecht nach unten auf die Wirbelsäule, sondern schräg nach hinten. Allein aus diesem Grund verbietet sich ein Vergleich mit dem Reiten, was die

Das Fahrpferd muss sich vor allem bergauf in Kopf und Hals strecken können und darf nicht “in Haltung” gezwungen werden. Die Fahrleine hält gefühlvoll Kontakt zum Pferdemaul.

Frage der Versammlung angeht. Das Freizeit-Fahrpferd muss sich unbedingt nach vorne strecken und lang machen können, damit es möglichst effizient ziehen kann - vor allem, wenn es auch einmal etwas steiler und hügeliger wird. Das Pferd arbeitet im schweren Zug, also beispielsweise bergauf, vermehrt mit der Hinterhand. Der Kopf geht weit nach vorne und abwärts. Es wäre nicht nur sehr hinderlich für das Pferd, sondern geradezu sträflich von Ihnen, wenn Sie versuchen würden, auch hier "Versammlung" beizubehalten, denn das würde den Einsatz der Vorhand und damit deren Belastung dramatisch steigern. Oder haben Sie schon einmal versucht, in kerzengerader Körperhaltung einen Rodelschlitten mit zwei Kindern darauf wieder die Piste hinaufzuziehen?

Auch bei steilen Bergabfahrten ist die Balance der Bewegung in der Ebene nicht mehr gegeben. Das Pferd bremst sich vermehrt mit der Vorderhand ab, die Hinterbeine gehen zur Entlastung stärker unter die Mittelhand. Der Rücken wölbt sich leicht nach oben auf.

Also: Das Fahren in "versammelter" Haltung des Pferdes mit stärker untergesetzter Hinterhand, Beizäumung und Aufrichtung gehört auf den Dressurplatz oder auch auf eine Festtagsparade, aber bitte nicht ins Gelände!

"Nicht versammelt" ist aber nicht gleichbedeutend mit lustlosem Daherschlurfen oder aufgeregtem Dahertänzeln mit hochgerecktem Kopf und weggedrücktem Rücken!

Ich wünsche mir mein Freizeitfahrpferd, wie auch mein Freizeitreitpferd, sensibel auf die Hilfen und selbstständig frisch vorwärtsgehend. Es behält die einmal "eingestellte" Richtung und Geschwindigkeit ohne weitere Einwirkung meinerseits so lange bei, bis ich ihm etwas anderes signalisiere.

In dieser Hinsicht folgt mein Fahrstil den gleichen Prinzipien wie die meisten Arbeitsreitweisen (sei es Western, südfranzösisch oder die spanische Doma Vaquera) und basiert letzten Endes auf dem Grundsatz der altklassischen Reitmeister "Gib deinem Pferd die Haltung und lass es dann gewähren", auf dem im Grunde alles feinere Reiten, das sich nicht als Kraftsportart versteht, basiert.

Auch ein Freizeitfahrpferd soll sich biegen

Mein Fahrpferd soll also munter und vor allem geschmeidig sein. Genau wie das Reitpferd auch soll sich das Fahrpferd in der Wendung biegen und nicht stocksteif und in Schräglage durch die Kurve eiern. Der Reiter hat neben seinem Gewicht vor allem den inneren Schenkel, um dem Pferd beim

Biegen zu helfen. Der Fahrer sitzt auf dem Kutschbock, von wo aus er zwar wunderbar sehen kann, ob sich das Pferd biegt, aber nur geringe Möglichkeiten hat, dem Pferd zu assistieren. Die Fahrpeitsche kann als Ersatz des inneren Schenkels gesehen werden. Das Anlegen der Fahrpeitsche in der Rippengegend (dort, wo beim Reitpferd der Unterschenkel anliegt) soll das Pferd in die Biegung motivieren. Es ist sicherlich Geschmackssache, aber mir fällt diese Betätigung mit einer Stockpeitsche leichter. Die Peitsche muss so lang sein, dass ich mit dem Stockende an die Stelle reiche, an der beim Reitpferd das Knie

Oben: Stockpeitsche.
Unten: Bogenpeitsche mit kürzerem Schlag.

des Reiters liegen würde. Den Schlag lasse ich vom "Knie" ausgehend herunterhängen. Zum besseren Erreichen der Rippengegend mache ich das bei der Linkskurve mit der linken Hand, bei der Rechtskurve mit der rechten.

Um die Peitsche möglichst genau einzusetzen, muss ich die Fahrleine der jeweils anderen Hand übergeben. Die Verbindung von Wendung und Biegung des Pferdes wird bei konsequentem Üben vom Pferd bald automatisiert. Nach einigen Wochen wird man feststellen, dass nur noch ab und zu die Hilfe mit der Fahrpeitsche nötig ist. Voraussetzung für diesen Einsatz der Fahrpeitsche ist natürlich, dass Ihr Pferd die Peitsche als Hilfe akzeptiert und nicht etwa Angst vor ihr hat. Damit es die Peitsche als "Zeigestock" begreift, müssen Sie auch dies vorher vom Boden aus üben.

Das Achenbach'sche Fahrsystem sieht nur die Möglichkeit des einhändigen Fahrens mit der linken Hand vor. Die Peitschenhilfen auf der linken Seite des Pferdes müssen dann mit der rechten Hand des Fahrers ausgeführt werden. Das ist logischerweise unpräziser, vor allem beim Fahranfänger.

Nach Achenbach dürfen Sie die Stockpeitsche übrigens nur zur Brustblattanspannung und die Bogenpeitsche nur zur Kumtanspannung verwenden. Sie wissen schon, was ich von derlei Vorschriften halte.

Tempo und Gangartveränderungen beim Fahrpferd
Es ist nicht nur angenehm für den Fahrer, sondern aus Gründen der Sicherheit unbedingte Voraussetzung, dass ein Fahrpferd immer und jederzeit in seinem Tempo und in der Gangart zu variieren ist.

Man muss nicht nur aus dem Schritt in den Trab wechseln können, sondern auch aus dem Stand antraben. Auch das Tempo muss jederzeit korrigiert und eingestellt werden können. Dies sollte und muss in allen Situationen klappen.

Der wichtigste Regler zum Variieren von Tempo und Gangart ist die Stimme. So wie das Pferd ein Kommandowort gelernt hat, um aus dem Stand im Schritt loszugehen, muss es auch ein Wort erlernen, das "Trab aus dem Stand oder Schritt" meint. Da meine Pferde gebürtige Franzosen sind, heißt das bei uns "marcher!" für den Schritt und "trotter!" für den Trab. Dabei bin ich gar nicht frankophil.

Aber was macht man nicht alles, wenn man Pferde aus der Zucht unserer lieben Nachbarn hat.

Das Wortkommando wird jeweils vom Ansprechen des Pferdes mit seinem Namen eingeleitet und von einer halben Parade begleitet.

Es geht im übrigen sehr schnell, Pferde an diese Stimmhilfen zu gewöhnen. Sicherlich am besten eignet sich das Üben auf dem Boden, aber auch vor dem Wagen reichen einige Ausfahrten, bis die Stimme und das mit der gewünschten Tätigkeit verknüpfte Wort erlernt ist. Die Fahrpeitsche, die in dieser Lernsituation meist als treibende Hilfe notwendig ist, kann man dann wieder steckenlassen.

Jeder von Ihnen wird schon erlebt haben, dass altgediente Reitschulpferde auf das Stimmkommando des Reitlehrers einwandfrei reagieren. Haben Sie auch schon einmal ein kleines Mädchen auf dem viel zu großen Reitschulpferd gesehen, das mit aller Mühe selber zu bestimmen versuchte, wann es aus der Abteilung ausscheren soll, um an der Gruppe vorbei zu traben? Haben Sie auch gesehen, dass das kleine Mädchen es nicht schaffte? Das Pferd hat das Kommando des Reitlehrers und seinen Namen so innig gelernt, dass auch die Einwirkung des Reiters die Ausführung nicht verhindern kann. Und wie einfach wird es sein, wenn Sie diesen Zustand als Ausbildung Ihres Fahrpferdes auch noch wünschen! Allerdings ist Konsequenz und eine häufige Wiederholung der Übung zwingend notwendig.

Auch das Verlangsamen des Tempos funktioniert in der selben Art und Weise. Ansprechen des Pferdes mit dem Namen, halbe Parade und ein beruhigendes Stimmkommando. Die kleinen und kurzen halben Paraden werden so oft wiederholt, bis das Pferd das gewünschte Tempo erreicht hat.

Es ist nicht zu tolerieren, wenn das Pferd von sich aus und ohne Aufforderung die Gangart wechselt. Das gilt sowohl für den Wechsel vom Trab zum Schritt als auch umgekehrt. Am sinnvollsten (da auch am schnellsten) ist auch hier das verbale Kommunizieren mit dem Pferd. Wenn das Pferd in die langsamere Gangart wechselt, erinnere ich mit nun einer erheblich heftigeren Ansprache an das ursprünglich Kommando. Auch hier ist die vorhergehende Ansprache mit dem Namen äußerst wichtig. Von der bei vielen Fahrern immer noch üblichen strafenden Peitschenhilfe (ein garstiger Begriff, oder?) rate ich dringend ab. Zum einen reagieren manche Pferde auf einen solchen Peitscheneinsatz sehr heftig, indem sie zum Beispiel austreten. Vorsichtsmaßnahmen wie vorher zur Sicherheit eingeschnallte Schlagriemen die über die Kruppe laufen und das Auskeilen verhindern sollen lehne ich für mich ab. Zum anderen ist es für mich wichtig, dass das Pferd ein vertrautes Verhältnis zur Peitsche behält.

Wie vorhin erklärt, soll die Peitsche den Schenkel ersetzen. Die Gefahr ist zu groß, dass sich das Pferd bei der nächsten Hilfe zum Biegen nicht mehr biegt, sondern insgesamt der Peitsche ausweicht.

Wenn Ihr Pferd aus dem Schritt antrabt oder sogar angaloppiert, so kann das verschieden Ursachen haben. Wenn Sie kurz vor dem Heimatstall sind und unser Pferd die anderen schon freudig wiehern hört, dann ist die Erklärung wohl einfach. Aber das wissen Sie ja und können sehr aufmerksam den Versuch des Antrabens schon im Keim unterbinden, indem Sie durch halbe Paraden und beruhigende Worte den Schritt nicht zu eilig werden lassen.

Es könnte aber auch sein, dass der Gangartenwechsel ein Indiz für eine Überforderung ist. Bei Ausfahrten in meiner Umgebung sind die Höhenunterschiede gewaltig und es gibt einige Steigungen von 12% und mehr. Je schlechter der Trainingszustand der Pferde ist, umso eher versuchen sie,

Ruhiges Galoppieren vor der Kutsche ist eine Kunst für sich. Nicht allen Pferden ist es angenehm.

im Trab oder sogar im Galopp in den Berg hineinzufahren und so einen großen Teil der Strecke zu überwinden. Wenn der Gangartenwechsel eventuell so zu erklären wäre, dann sollten Sie entweder die Mitfahrer bitten auszusteigen und den Berg mit den eigenen Füssen zu erklimmen, oder für heute die Fahrroute ändern. Das Überwinden von steileren Wegstrecken im zügigen, aber gleichmäßigen Schritt konditioniert das Pferd hervorragend, ist aber wenig produktiv, wenn die geforderte Leistung zu hoch wird.

Dies ist immer dann der Fall, wenn der Wagen zu schwer ist, oder der leichte Wagen zu schwer beladen musste. Es ist nicht nur ärgerlich und für die Ausbildung wenig zuträglich, wenn Ihnen das Pferd wegen einer Überforderung im Berg stehen geblieben ist. Es ist ein trauriges Bild, ein völlig erschöpftes Pferd am Berg stehen zu sehen, und ich könnte jedes Pferd verstehen, wenn es in der Zukunft die Zieherei ganz und gar ablehnt!

Ungewollte Gangartenwechsel können aber auch ein Zeichen eines ungestümen Pferdetemperaments sein. Es wäre bei solchen Pferden vollkommen verkehrt, zumindest im Sinne des Freizeitfahrens, wenn sie nun permanent die "Zügelbremse" einlegen würden, oder (noch schlimmer) versuchen würden, das Pferd mit dem Wagen abzubremsen.

Auch hier kommen Sie nur über souveränes und offensichtlich beruhigendes Reden zum Erfolg. Kennen Sie noch das alte Sprichwort, dass man auf jemanden einredet wie auf einen alten Droschkengaul?

Wenn Sie die Fahrleinen zu hart annehmen, verwirken Sie die Möglichkeit, später wieder entspannt und erholsam zu fahren. Was bei der Turnierfahrerei gewünscht ist, wird dann auch bei Ihrem Pferd eintreten: Sobald Sie die Fahrleine nachgeben, wird Ihr Pferd "dem Gebiss nachgehen", also wieder deutlich an Tempo zulegen.

Dies könnte sich bei einem temperamentvollen Pferd schnell aufschaukeln und Sie werden der Sache eventuell bald nicht mehr Herr sein.

Sinnvoller ist der Weg, das temperamentvolle Pferd lange Zeit, eventuell viele Wochen oder notfalls sogar Monate, konsequent nur im Schritt zu fahren. Mit langer Fahrleine soll sich das Pferd strecken und vorwärts - abwärts entspannt laufen. Erst später, wenn das Pferd in sich vollkommen ruhig geworden ist, sollten Sie wieder an Trabstrecken im gemäßigten Tempo denken.

Denken Sie bitte auch an den von mir schon angesprochenen Einfluss, den Haltung, Fütterung und intaktes Sozialleben auf das Temperament eines Pferdes haben!

Das zweispännige Fahren

Sie erinnern sich: Das Fahren mit dem Zweispänner nach Achenbach funktioniert nur mit der Anspannung an die festen Bracken oder die Docken. Die Achenbach'sche Fahrleine verliert ihren Sinn beim Einspannen der Pferde in die Spielwaage.

Es belustigt mich immer wieder, wenn mir andere Fahrer bestätigen, dass sie natürlich ganz streng nach Achenbach fahren. Es geht doch gar nicht anders? Mir scheint, dass sich viele der Fahrer entweder gar nicht mehr wagen zuzugeben, dass sie ihren Achenbach schon ganz kräftig variiert haben, oder aber sie haben dieses Fahrsystem nun ganz und gar nicht verstanden.

Bei der Achenbachleine ist es möglich, die Leinenverschnallung so zu variieren, dass ein faules Pferd mehr in den Zug genommen wird und das fleißige Pferd wieder entlastet. Die Leine ist so konstruiert, dass diese Verschnallung (zumindest theoretisch) auch vom Kutschbock aus geschehen kann.

Die starrere Anbindung der Pferde an die Kutsche macht ein sehr feines und genaues Fahren möglich. Diese Präzision erreicht man bei der Anspannung von zwei Pferden an der Spielwaage nur, wenn die Pferde jedes die Hälfte der Last zieht. Dann liegen die Ortscheite in der selben Höhe, und die Leinenkommandos kommen gleichzeitig an. Aber schon in der Kurve, in der

Zweispännig fahren sollte man erst, wenn man sich auf dem Einspänner sicher fühlt.

ein Pferd einen weiteren Weg als das andere hat, geht dieser Gleichklang vermutlich verloren. Das innere Ortscheit wird ein wenig nach vorne gehen und das äußere fällt zurück. Somit wird es dem Fahrer erheblich schwerer fallen, einen ganz bestimmten Radius einzuhalten. Dies kann nur gelingen, wenn er das jeweils äußere Pferd im Tempo bescheunigen kann.

Unumstritten hat das Achenbach'sche Fahrsystem hier Vorteile, weil es einfacher zu fahren ist, aber für mich ist die Notwendigkeit des zweispännigen Fahrens immer nur dann gegeben, wenn die zu ziehende Last für ein Pferd zu groß wäre oder sich im Grenzbereich befände. Ich muss auch nicht aus Gründen der Imagepflege zweispännig fahren. Und wenn der Grundsatz der Überlegung für das Einspannen eines zweiten Pferdes die Bewältigung einer größeren Last ist, dann wäre es ja wohl nur konsequent, auch eine Anspannung zu wählen, bei der beide Pferde die Last gleichmäßig verteilt ziehen müssen.

Bei dem eben erwähnten Beispiel der Kurvenfahrt ist der Preis der größeren Präzision des Achenbachfahrens, dass das innere Pferd alleine, aber zumindest den allergrößten Teil der Last zu ziehen hat.

Auch beim Fahren mit der Spielwaage ist das Ziel, auf beide Pferde so einzuwirken, dass sie sich in der Schrittlänge und Frequenz so annähern, dass im Ergebnis die Spielwaage

Kehrtwendung mit dem Zweispänner, angespannt an der Spielwaage: Das äußere Pferd muss flotter gemacht werden als das innere. Erfahrene Fahrpferde, die immer im Team arbeiten, wissen das später schon von selbst.

mit den beiden Ortscheiten auf einer Höhe liegt.

Nur bei hervorragend einspännig gefahrenen Pferden gelingt es, auch in der Kurvenfahrt eines der Pferde über Ansprache mit Namen und Kommando zum schnelleren Treten zu motivieren. Weniger die Peitschenhilfe, sondern die Stimme sollte hier Einfluss nehmen.

Wenn die Pferde gelernt haben, auf ihren Namen zu hören und auf die folgende Aufmunterung oder Beruhigung zu reagieren, wird es möglich sein, auch in einer engen Wendung die Spielwaage auf einer Höhe zu behalten.

Die Genauigkeit des Fahrens liegt beim Zweispännner mit Spielwaage nicht im richtig verschnallten Leder, sondern in der Intensität und Qualität der Pferdeausbildung. Man kommuniziert mit seinen Hilfen Stimme und Fahrpeitsche mit jedem Pferd einzeln und mit der Fahrleine mit beiden Pferden gemeinsam.

Imposant, aber nicht unbedingt alltagstauglich:
Vier Friesen in einer römischen Quadriga-Anspannung.

Planung einer Ausfahrt

Besonders für den ungeübten Fahrer ist eine gute Planung der Ausfahrt wichtig:

! Der Weg muss breit genug sein. Für den Fahrer werden Wege oft durch Schranken zu Sackgassen.

! Die Steigungen und Gefällstrecken müssen geplant werden.

! Die Gesamtstreckenlänge muss geplant werden.

! Die Fahrzeit muss errechnet werden.

Falls Sie sich in Ihrer Heimatgegend nicht schon hervorragend auskennen, empfiehlt es sich, noch etwas einkaufen zu gehen. Sie brauchen eine topographische Karte Ihrer Gegend, am besten im Maßstab 1:25.000. Und ich hoffe für Sie, dass diese Karte auch einigermaßen aktuell ist.

Fahren Sie besonders am Anfang nicht einfache aufs Geradewohl los. Was machen Sie denn, wenn Sie in einen unbekannte Weg hineinfahren und nach 2 km wird aus dem Weg ein immer enger werdender Pfad? Sie können nicht mehr wenden, Sie stecken fest. Für den Reiter ist das kein großes Problem, der kann entweder weiter oder dreht einfach um. Sie armer Mensch aber müssen ausspannen, den Wagen umdrehen, das Pferd wieder einspannen und schon sind 10 Minuten weg, und genervt sind Sie auch, vielleicht nicht beim ersten Mal, aber sicherlich, wenn der nächste Weg an einer verschlossenen Schranke endet, für die Sie natürlich keinen Schlüssel haben. Vielleicht könnten sie es auf diesem Weg ja mit einer Kehrtwendung versuchen, aber es ist knapp, und nichts darf schief gehen. Sie versuchen es, der Platz hat doch nicht gereicht, weil das Pferdchen eben auch ein paar Schritte nach vorne ging und Sie müssen wieder ausspannen und wissen, dass dies hätte auch klappen können, aber eben... nun sind Sie genervt. Viele ziehen die Konsequenz und fahren von da an nur noch über Wege zwischen offenen Feldern, mit bestem Überblick wo der Weg endet, oder Sie nutzen die Teerstraßen, ganz wie vom Autofahren gewohnt. Und weil das so viel Spaß macht, wird das mit dem Fahren immer weniger und weniger.

Überlegen Sie sich Ihre Wege vorher, planen Sie die ersten Fahrten entweder mit der Karte oder fahren Sie die Strecke mit dem Fahrrad ab.

Für den Anfänger ist es sehr sinnvoll, zuerst Strecken zu wählen, bei denen sich vor allem die Gefälle in einem erträglichen Rahmen halten. Eine lange, steile Abfahrt kann einem schon einen Krampf in den Unterschenkel bringen, wenn man sehr krampfhaft bemüht ist, auf keinen Fall zu wenig, aber auch nicht zu viel zu bremsen. Sehr wichtig ist die Überlegung der Gesamtstrecke und der Fahrzeit.

Es ist immer sinnvoll, ein unbekanntes Pferd erst langsam kennen zu lernen. Keiner möchte sein Pferd überanstrengen, und man muss sich erst langsam an das Leistungsvermögen herantasten. Gehen Sie auf Nummer sicher. Wie sollen Sie als unerfahrener Fahrer entscheiden, ob das Pferd am Hang stehen geblieben ist weil es müde und überfordert ist oder weil es mit Steigungen immer Probleme hat, oder ob es einfach widersetzlich ist?

Die meisten Fahrer bekommen genau an diesem Punkt Selbstzweifel. Wenn Sie die Leitungsanforderung des Pferdes langsam steigern, können Sie diese Fragestellung abwenden. Sie lernen das Pferd vor dem Wagen immer besser kennen, trainieren es und wissen nach einigen Wochen genau abzuschätzen, was der Grund für das plötzliche Stehen bleiben am Hang ist. Nur so kann man sich auch an längere Touren herantasten.

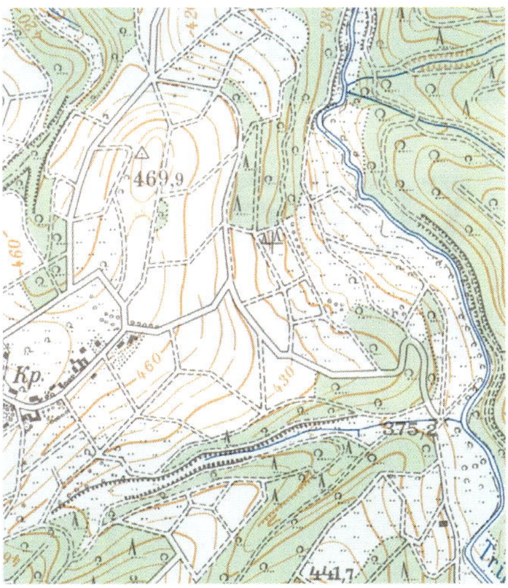

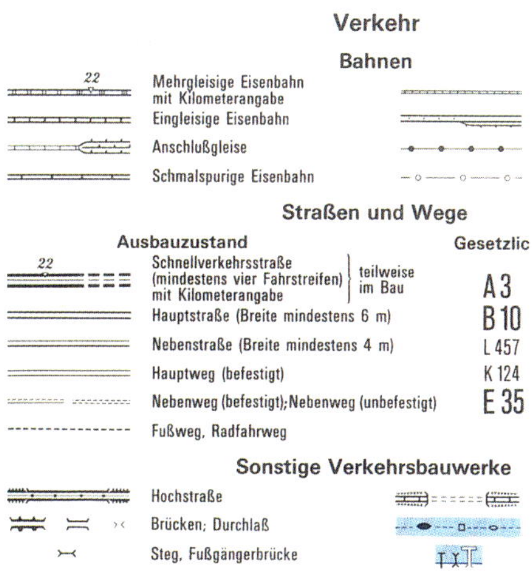

Mit Hilfe einer topographischen Karte im Maßstab 1: 25.000 kann man seine Fahrtrouten recht gut vorplanen. Die Legende gibt Auskunft über den Ausbauzustand der Wege.

Nehmen Sie Rücksicht auf das Klima: bei Hitze oder schwülem Wetter sollten Sie Tempo und Steigungen entsprechend reduzieren.

Vorsicht auch im Winter, falls Glatteis droht! Ich empfehle: zu Hause bleiben! Wenn Sie doch einmal aufs Eis geraten sollten - stören Sie das Pferd nicht zu sehr mit der Fahrleine und versuchen Sie, es auf den Randstreifen zu dirigieren. Leider hat das eingespannte Pferd nicht so viele Möglichkeiten, sein Gleichgewicht wiederzufinden, wie ein vergleichsweise "freies" Reitpferd. Bewahren Sie ruhig Blut! Falls - was hoffentlich nie passiert - das Pferd stürzen sollte, müssen Sie ausschirren, da das Pferd ansonsten kaum eine Chance hat, wieder auf die Füße zu kommen. Bitten Sie Ihren Mitfahrer, den Kopf des Pferdes ruhig am Boden zu halten und es am weiteren Strampeln zu hindern. Lösen Sie die Zugstränge und die Riemen des Hintergeschirres. Wenn Sie nicht drankommen, weil das Pferd draufliegt, hilft leider nur noch Durchschneiden.

Aus diesem Grund sollten Sie immer ein scharfes Messer dabei haben! Überhaupt ist es sinnvoll, einige Gegenstände immer in der Kutsche mitzuführen.

Am besten räumen Sie ihnen einen festen Platz unter dem Kutschbock oder im "Kofferraum" ein:

Checkliste
Was man bei jeder Ausfahrt mitnehmen sollte:

! Halfter und Strick für das Pferd, falls Sie einmal wegen einer Panne ausschirren und das Pferd irgendwo anbinden müssen.

! Erste-Hilfe-Koffer für Mensch und Pferd. Für den Menschen tut es ein Auto-Verbandskasten, für das Pferd brauchen Sie größer dimensioniertes Verbandsmaterial. Wir haben immer ein oder zwei elastische Binden, eine Rolle Verbandwatte und sterile Wundkompressen mit.

! Hammer und Kombizange, damit Sie bei kleineren Pannen am Wagen nicht hilflos dastehen.

! Ersatz-Zugstrang.

! Langer Strick - im Zweifelsfalle für alles Mögliche zu gebrauchen, vom Ersatz für die gerissene Fahrleine bis hin zum Zugstrang.

! Stabiler Doppel-Karabinerhaken, mit ihm lassen sich viele Notverbindungen an kaputten Geschirrteilen herstellen.

! Scharfes Messer.

! Handy.

Verhaltensregeln in Wald und Flur
Fahren Sie grundsätzlich nur im Schritt an Viehweiden vorbei. Die lieben Rindviecher werden ansonsten nicht nur zum Mitlaufen animiert und irritieren so wiederum Ihr Pferd, sie können beim Anblick der klappernden Kutsche auch in eine regelrechte Massenpanik verfallen und blindlings durch den Zaun galoppieren. So etwas lässt sich leicht vermeiden!

Auch Spaziergänger sollten Sie nicht bedrängen. Passieren Sie sie im Schritt und grüßen Sie freundlich!

Und bitte veranstalten Sie keine Querfeldeinfahrten, es sei denn, Sie haben die ausdrückliche Genehmigung des jeweiligen Grundstückseigentümers. Die Gesetzgebung gegen Reiter und Fahrer ist, was die Bewegung in freier Natur angeht, auch so schon restriktiv genug - wir alle sind dafür verantwortlich, dass das Image der Fahrer nicht durch "Wild-West-Gehabe" ramponiert wird und dass wir uns wie zivilisierte Menschen benehmen.

Verhalten im Straßenverkehr
Wer mit Pferd und Kutsche am Straßenverkehr teilnimmt, unterliegt den Vorschriften der Straßenverkehrsordnung.

Das hat für den Fahrer und sein gesamtes Equipment aber auch sein/e Pferd/e bestimmte Konsequenzen.

Die Wichtigste ist, dass ein Gespann wie ein Fahrzeug behandelt wird. Das heißt: rechts fahren, an Ampeln anhalten, Abbiegespuren benutzen etc.

Es dürfen nur Fahrer, die 14 Jahre oder älter sind mit ihrem Gespann auf die Straße. Nicht allgemeingültig, aber spätestens im Schadensfall notwendig ist der Nachweis der eigenen Befähigung zum Führen eines Gespannes. Dies kann ein Fahrerpass vom VFD, der FN aber auch eines anderen Vereins wie der IG Zugpferd, dem Verein der Freizeitfahrer oder ähnliches sein.

Schließen Sie im eigenen Interesse eine Tierhalter-Haftpflichtversicherung ab, die ausdrücklich auch die Nutzung Ihres Pferdes als Fahrpferd mit einschließt. Wählen Sie Deckungssumme hoch genug - gerade bei Personenschäden sind mehrere Millionen Euro schnell erreicht.

Aber Achtung: Wer ein scheues, unsicheres oder schlecht ausgebildetes Pferd im Straßenverkehr bewegt, handelt grob fahrlässig und begeht zumindest eine Ordnungswidrigkeit, die auch ohne Unfall mit Recht geahndet wird. Genauso sieht es aus, wenn das Geschirr fehlerhaft oder beschädigt ist. Auch hier hat sich schon so mancher Gespannfahrer gewundert, wenn er einen kompetenten Polizisten traf, der sofort daran ging, eine Anzeige auszufüllen. Ich würde mir wünschen, dass mehr Polizisten in dieser Richtung fit und geschult wären!

Die Kutsche muss einen technischen Mindeststandard haben. Neben den schon erwähnten hinteren roten und seitlichen gelben Reflektoren braucht die Kutsche, um als verkehrsicher zu gelten, eine funktionierende und leicht zu bedienende Bremse. Zur Bauart der Bremse gelten keine Vorschriften, sodass auch die Kurbelbremse die Bedingungen erfüllt. Der Wagen braucht ein Beleuchtung, die Sie aber nur mitführen und einsetzen müssen, wenn Sie in der Dämmerung oder Dunkelheit fahren. Die klassische Kutschenlampe, die mit der Kerze erhellt wird, ist dabei ausreichend. Nach hinten muss die Kerzenlampe rot leuchten.

Auch wenn diese Beleuchtung den gesetzlichen Vorschriften entspricht, so ist sie aus Erwägungen der Sicherheit doch nicht ausreichend. Wir führen für diese Situationen immer eine reflektierendes Geschirr, einen Warnweste für den Fahrer und eine Warnfahne für die Kutsche mit.

Seit kurzem gibt es sehr praktisches Sicherheitszubehör speziell für Fahrpferde, das man mit wenigen Handgriffen über das Fahrgeschirr werfen und mit Klettverschlüssen befestigen kann (Bezugsquelle s. Anhang). Es macht keine Mühe, diese Sachen auf jede Ausfahrt mitzunehmen, auch, wenn Sie eigentlich keine Nachtfahrt planen. Es kann immer etwas dazwischenkommen, das Ihre Heimkehr verzögert.

Kutschenlampe.

Sinnvoll: Warntafel hinten an der Kutsche und ein Helm.

Gesehen werden ist lebenswichtig. Dieses Zubehör macht auch schwarze Pferde im Dunkeln gut sichtbar.

Beim Abbiegen müssen deutliche Zeichen gegeben werden. Vergewissern Sie sich, ob Sie auch wirklich gesehen wurden.

Der Fahrer muss durch klare und unmissverständliche Zeichen die anderen Verkehrsteilnehmer über seine Absichten informieren. In der Regel geschieht das durch Handzeichen oder den Einsatz der Winkerkelle. Die Peitschenzeichen, wie sie in der Achenbach-Fahrlehre stehen, kennt heute kaum noch ein Autofahrer, weshalb ich mich lieber nicht auf sie verlasse.

In gleichem Maße muss der Fahrer aber auch den Verkehr beobachten können. Bei vielen Kutschenmodellen ist die Sitzposition des Fahrers auf der rechten Seite hierbei störend. Diese Sitzposition kommt aus der englischen Tradition des Fahrens und ist unserem Straßenverkehr nicht angepasst. Planwagenfahrer und Fahrer von Wagen mit Verdeck sollten daher unbedingt auf der linken Seite Platz nehmen, um eine bessere Übersicht zu haben.

Glücklicherweise gibt es ja mittlerweile auch viele Kutschen, bei denen die Position des keilförmigen Bocksitzes wechselbar ist.

HUFBESCHLAG DES FAHRPFERDES

In allen Büchern, die sich mit dem Fahren auseinandersetzen, ist immer zu lesen, dass ein Fahrpferd besonders gute Hufe haben sollte. Sollen die anderen Pferde denn keine guten Hufe haben, oder sind sie beim Reiten nicht so wichtig?

Mich ärgert dieser immer wieder zu lesende Satz in einer ganz besonderen Weise. Die Autoren sind meist mit einer Melone auf dem Kopf auf dem hinteren Buchdeckel abgebildet und gehen ganz natürlich davon aus, dass das Fahrpferd auf harten Böden, auf dem Asphalt eben stundenweise getrabt werden muss. Diese Herren haben die Zeit, als das Pferd der Antriebsmotor der Fortbewegung war, noch nicht überwunden. Heute ist das Pferd, zumindest wünsche ich mir das so, unser Freizeitpartner, auf dessen Belange ich Rücksicht nehme und nicht Schädigungen des Pferdes einfach billigend in Kauf nehme. Wenn ich, wie bei den meisten Fahrpferden üblich, den Schmied alle acht Wochen kommen lasse und Eisen unter die Hufe schlagen lasse, meist noch mit Stollen oder Hartmetallstiften versehen, um rutschfester und mit geringeren Abrieb am Eisen über die Teerstraßen traben zu können, dann sind nicht nur Hornprobleme, sondern auch Erkrankungen des Bewegungsapparates vorprogrammiert. Sind die Hufe am Anfang der Fahrkarriere des Pferdes supertoll, dann dauert es eben ein paar Monate länger, bis die Hornprobleme anfangen. Schlechtes, bröckliges Hufhorn, lose oder hohle Wände stehen meist an Anfang dieser Entwicklung.

Nicht selten erkranken Fahrpferde an Schale oder anderen Verschleißerkrankungen der Zehengliedmaße. Und dabei wäre es doch alles so einfach zu vermeiden:

! Der Hufbeschlag muss der Aufgabe des Pferdes entsprechen,

! Der Hufbeschlag muss dem Pferd entsprechen

! Der Beschlag muss der Haltung des Pferdes entsprechen

! Die Planung der Kutschfahrten muss das Kriterium Wegebelag beinhalten

Sie haben an anderer Stelle des Buches entschieden, was Sie mit Ihrem Fahrpferd vorrangig unternehmen möchten. Diese Antwort hat nicht nur Auswirkungen auf die Wahl der Kutsche oder der Zuggeschirrs, nein auch der Hufbeschlag wird zumindest zum Teil durch diese Frage mitbestimmt.

Sollten Sie Interesse an der Arbeit mit den Pferden haben, wollen Sie also schwere Zugarbeit im Wald oder im Acker mit Ihrem Pferd leisten wollen, ist der regelmäßige Hufbeschlag mit Hufeisen, Griffen und Stollen notwendig. Dieser harte und unnachgiebige Beschlag mit optimalem Gleitschutz ist die einzige Möglichkeit, den Anforderungen der schweren Zugarbeit zu genügen. Und dies ist auch die einzige Nutzung des Wagenpferdes, die nur eine Möglichkeit des Hufschutzes zulässt.

Wagenpferde sollten vom Besitzer so oft wie möglich genutzt werden. Wenn das Pferd mehrmals die Woche vor der Kutsche eingespannt laufen kann, ist der Beschlagsverschleiß teilweise recht hoch. Je härter und abriebfester der Untergrund ist, auf dem der Kutscher sein Pferd regelmäßig bewegt, um so höher ist der Verschleiß am Hufschutz.

Beim regelmäßigen Hufschutz mit Hufeisen und der überwiegenden Nutzung des Pferdes auf harten Böden kommt es oft vor, dass ein Beschlag vor dem Intervallende für einen Neubeschlag abgenutzt ist. Das Pferd wird dadurch sehr oft beschlagen, was logischerweise zu einer hohen Belastung des Hufhorns durch häufiges Nageln und neue Nagellöcher führt.

Um den Verschleiß am Hufeisen zu reduzieren und auch den Gleitschutz zu verbessern, werden die Hufeisen von Fahrpferden oftmals mit Hartmetallstiften oder Stollen versehen. Diese Maßnahme verbessert die Situation in Bezug auf Verschleiß des Hufschutzes im gleichen Maße wie der Verschleiß an der Pferdegesundheit zunimmt!

Wenn Leute gewerblich mit ihren Pferden arbeiten und mit einem Planwagen oder in Fahrkursen ihr Geld verdienen müssen, so akzeptiere ich die Entscheidung für so einen Hufschutz, ohne es gut zu finden. Die Gesundheitsgefährdung wird umso größer, je schneller auf harten Untergründen gefahren wird.

Wenn der Freizeitfahrer diesem schlechten Beispiel dann aber folgt, so ist das nicht ganz zu verstehen. Je intensiver Sie die harten Böden nutzen wollen, umso elastischer muss der Hufschutz sein. Wenn Sie moderne Hufschutzformen wählen und bei der Planung der Wegstrecke auf möglichst huf- und pferdegerechte Wegbeschaffenheit achten, sind weder das Rutschen noch ein übermäßiger Hufschutzverschleiß ein Problem.

Bei meinen Fahrten ist die Benutzung von geteerten Straßen und Wegen mit Mineralbeton, wie es bei mir in der Eifel üblich sind, nicht zu vermeiden. Ich nehme sowohl mit dem Tempo auf die Pferde Rücksicht, indem ich fast nur Schritt fahre, zum anderen wähle ich einen weicheren Hufschutz. Meine Pferde laufen mit Kunststoffbeschlägen (Trotters, Easywalker, Marathons, ...) bzw. gummiummantelten Eisenbeschlägen (Öllöv, Nail-Shoe).

Ganz kurz zur Erklärung: Der ideale Untergrund, also der auf dem der Bewegungsapparat langfristig gesund bleibt, für das Laufen der Pferde ist ein mäßig eindrückbarer, weicher Boden. Ist der Boden hart, wird der Aufprall des Hufes mit steigender Geschwindigkeit immer größer. Jeder kann sich vorstellen, dass hierdurch sowohl das Hufhorn höher belastet ist genauso wie sämtliche Gelenke und Knorpelflächen, Bänder und Sehnen.

Ein weicher, elastischer und nachgiebiger Beschlag entschärft dieses Problem und stellt das Pferd auf Verhältnisse, die dem weichen Boden ähneln.

Auch bei mir gibt es Phasen im Fahren, in denen ich weniger Zeit habe und darum seltener fahre. In dieser Zeit bleiben meine Pferde unbeschlagen und bei den selteneren Ausfahrten werden die Hufe mit Hufschuhen geschützt (Swiss Horse Boot, Marquis Hufschuh).

Diese Zeit des unbeschlagenen Laufens, also einer Zeit ohne Hufnägel, gibt dem Hufhorn Zeit zur Erholung und erleichtert somit das Anbringen des neuen genagelten Hufbeschlages.

Ein bewusster Umgang mit der Auswahl des richtigen Hufschutzes ist für die meisten Freizeitfahrer nicht nur möglich und sinnvoll, sondern hilft auch langfristig bei der Vermeidung von ärgerlichen Huf- und Gesundheitsproblemen im Bewegungsapparat.

Aber die Auswahl des Hufschutzes kann nicht nur von der Nutzung und den Wegeuntergründen bestimmt sein, er muss auch zum Pferd und der individuellen Problematik passen.

Sollte Ihr Pferd eine krankheitliche Vorgeschichte haben, so ist eventuell ein durch den Tierarzt oder Hufschmied empfohlener orthopädischer Beschlag sinnvoll.

Für solche Fälle gilt es natürlich immer wieder zu überlegen, ob sich dieses Pferd noch für den Einsatz vor der Kutsche eignet.

Sprechen Sie mit Ihrem Hufschmied, Tierarzt oder Hufpfleger und entscheiden Sie auf Basis einer guten Information.

Ebenfall nimmt die Haltung des Pferdes einen Einfluss auf die Auswahl des richtigen Hufschutzes. Hier beißt sich die Katze manchmal in den Schwanz:

Sie haben im Absatz über das Fahrpferd gelesen, wie wichtig das ausgeglichene Gemüt und der ruhige Charakter für die Sicherheit des Fahrens ist.

Es ist ein offenes Geheimnis, dass das ruhigste und ausgeglichenste Pferd in wenigen Tagen zu einem genervten Ekelpaket werden kann, wenn es in einer Box verhaftet wird. Und wenn der Hufschmied zu Ihnen kommt und Ihrem Pferd schwere Eisen mit kleinen herausstehenden Stiften unter die Füße nagelt? Dieses Pferd ist nun schwer bewaffnet und auch ich würde nicht mehr guten Gewissens einer Haltung in der Gruppe zustimmen. Wenn dieses Pferd einmal tritt, dann ist der Schaden enorm.

Ich halte die Gruppenhaltung in einem Offenstall für ein Freizeitfahrpferd für eine Grundbedingung, und somit ist der Beschlag mit Eisen nur schwer zu vertreten.

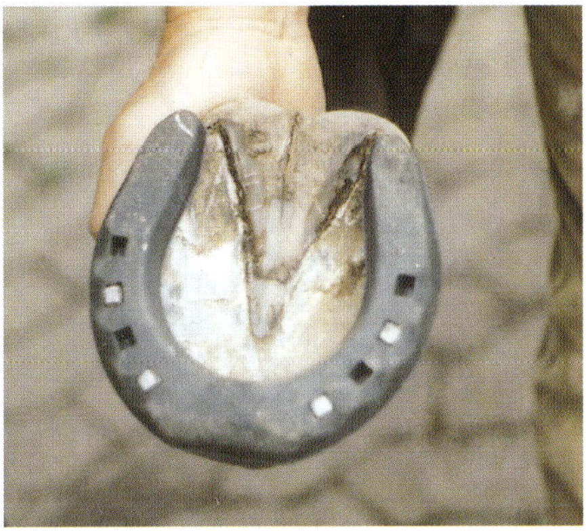

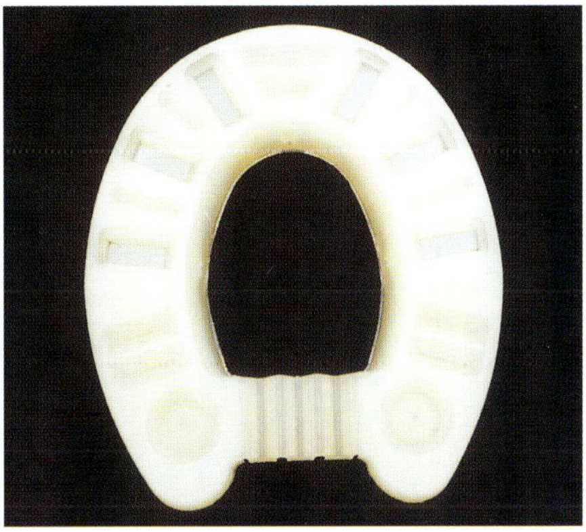

Möglichkeiten für stoßdämpfenden Hufschutz: Öllöv (o.li.), Haflex (o.re.), Trotters (u.li.) und Easyboot (u.re.)

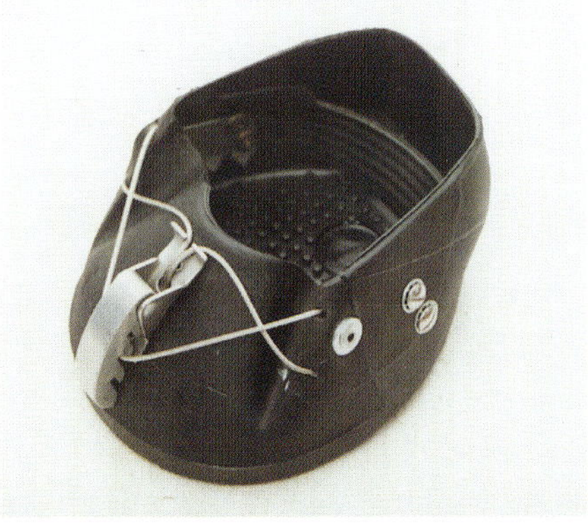

Einsatz in der Landwirtschaft

Im Märzen der Bauer...

Bei allen, die ihre Pferde in eigener Verantwortung zu Hause halten, stellt sich irgendwann einmal die Frage, ob nicht in der schönen Sommerzeit, in der man die wunderschönsten Reit- und Fahrstunden mit der Trocknung von Gras zubringt oder dasselbe in handliche Ballen geformt und zusammengedrückt in der Landschaft umherträgt oder herumfährt oder in die Höhe werfen muss, die lieben Pferdchen bei dieser mühseligen und schweißtreibenden Arbeit nicht ein wenig helfen könnten. Immerhin geht es ja um ihre Winterrationen. Könnte es nicht auch sein, dass die harte Arbeit durch diese Einbeziehung des Pferdes auch ein kleines wenig zum Hobby und damit zum Spaß werden könnte?

Wenn man Pferde hat, ist irgendwie immer was zu tun. Und irgendwie hat man immer ein schlechtes Gewissen, wenn man an sein Vergnügen denkt und fahren möchte, wo doch so viel Arbeit anliegt. Was liegt also näher, als das Angenehme mit dem Nützlichen zu verbinden? Für den Einsteiger gibt es einige Aufgaben, die auch mit geringen Kenntnissen prima bewältigt werden können.

Wiese abschleppen

Mit der geringsten Mühe und der geringsten Investition lässt sich das Abschleppen der Wiese oder des Auslaufes/Reitplatzes mit dem Pferd realisieren. Wir haben ein Kantholz von 2 m Länge genommen und daran einen in der Mitte aufgeschnittenen, zweiteiligen Traktorvorderreifen mit Ketten festgebunden. Solche alten Traktorreifen bekommen Sie auf dem Land beim Reifenhändler oder Bauern umsonst, denn für alte Reifen ist ansonsten eine Entsorgungsgebühr zu zahlen.

Mit einer kurzen Kette ist ein Ortscheit am Kantholz festgemacht. Zwei bis drei Tage, nachdem wir die Pferde auf ein andere Wiese umgetrieben haben, schleppen wir.

Man könnte nun sagen, dass dies eine nicht nur anstrengende, sondern auch stinklangweilige Arbeit ist. Man kann dem Ganzen aber auch Positives abgewinnen. Wenn Sie diese Wiesenschleppe einmal selbst ein oder zwei Meter über die Wiese gezogen haben, werden Sie realisieren, wie anstrengend diese Arbeit für das Pferd ist. Nach 15 bis 20 Minuten Wieseschleppen wird auch ein temperamentvolles Pferd sichtlich ruhiger.

Wiese schleppen: Schweißtreibend für den Menschen! Natürlich geht es auch im Schritt.

Diese Arbeit finde ich aber auch aus anderen Gründen ideal für ein Pferd, das ich noch nicht sehr gut kenne. Ich habe hierbei viel Zeit, das Pferd an meine Stimme zu gewöhnen. Wenn die erste Arbeitsviertelstunde verstrichen ist, kenne ich kaum ein Pferd, das nicht gerne mal eine Pause machen würde. Zuerst halte ich das Pferd also mit Fahrleine und Stimmkommando gleichzeitig an. Das wiederhole ich nach zwei- oder dreihundert Metern noch einmal. Von nun an garantiere ich Ihnen, dass Ihr Pferd auch ohne die Hilfe der Leine und nur auf das Stimmkommando hin anhält. Wenn der Wunsch des Pferdes mit dem gehörten Kommando übereinstimmt fällt das Ausführen doch umso leichter, oder? Nach unserer Erfahrung reichen 2 Morgen (= 5000 qm), damit diese Lektion sitzt. Das gleiche mache ich danach auch mit den Anweisungen "Losgehen", "links und rechts herum". Bis diese Anweisungen nur mit der Stimme funktionieren, kann es etwas länger dauern, wenn man sich aber ein wenig Mühe gibt, und vielleicht an einer Stelle an der offensichtlich mehr Zugleistung vom Pferd zu erbringen ist, (z.B. an einem Hangstück) das Kommando rechts oder links gibt, wird man auch hier Übereinstimmung mit dem Wunsch des Pferdes erreichen können. Das Antreten auf Stimme übe ich auch immer nur an einer abschüssigen Stelle, damit möglichst keine Widersetzlichkeit aufkommen kann.

Über die Wortkommandos muss man sich eventuell ein paar Gedanken machen. Welches Wort Sie für welche Aufgabe auswählen, ist im Grund völlig egal. In der alten Literatur wird hier besonders hingewiesen, dass allgemein übliche Worte sehr nachteilig sind, da früher eben viele Kutschen unterwegs waren und ein Kutscher, wenn die anderen Pech hatten, mit einem Wort mehrere Gespanne zum Antreten bringen konnte.

Wenn Ihr Pferd es gelernt hat, ausschließlich mit der Anweisung durch die Stimme anzutreten, rechts oder links zu gehen und wieder anzuhalten, haben Sie nicht nur für die Arbeit und das Fahren eine außerordentliche Erleichterung, sondern auch eine ungeheuere Steigerung des gegenseitigen Vertrauens erreicht. Und nebenbei Ihre Wiese abgeschleppt!

Leichte Arbeit im Zug oder im Wald

Mit der leichten Arbeit im Zug oder im Wald meine ich nicht die Arbeit der Holzrücker! Diese Leistung können Sie weder von sich noch von Ihrem Pferd erwarten.

Wer hat das noch nicht gesehen?

Entweder im Wald oder bei einer Vorführung haben doch die meisten schon einmal schwere Pferde beim Holzrücken beobachtet. Haben Sie nicht auch gedacht, dass diese "Dicken" ja fast von Zauberhand gelenkt mit langen Stämmen im Schlepptau durch den Stangenparcours gehen? Ein Mensch läuft nebenher, mit einem Schnürchen in der Hand, manchmal unverständliche Worte murmelnd.

Diese Leute und ihre Pferde sind Profis. Sie haben ihre Pferde an die sogenannte "Zuppelleine" oder richtig Stoßleine gewöhnt. Das Pferd kann mit dieser einfachen Leine aus jeder Position des Holzrückers gelenkt werden. Wenn der Holzrücker an der Leine "zupft" und gleichzeitig das Kommando "Hutz" gibt, tritt das Pferd

Holzrückepferde werden über die so genannte "Stoßleine" geführt.

nach rechts, wenn er die Leine annimmt und dazu "Haa" saagt bedeutet das für das Pferd links herum.

Natürlich können Sie auch Ihr Pferd an diese Leine und die entsprechenden Worte gewöhnen, wenn der Arbeitseinsatz unter diesen Bedingungen aber selten bleibt, wird Ihr Pferd aber sicherlich verwirrt sein und mit der Umstellung von Ein- oder Zweispännerleine auf die Stoßleine nicht zurechtkommen.

Im Wald und auch bei anderen Zugarbeiten ist die Einspännerleine nicht gut geeignet. Sie kann sich verfangen, da sie geschlossen ist. Der Ruck ins Maul ist dann sicher und kann vermieden werden, wenn das Pferd am Gebiss oder Führstrick bei der Arbeit begleitet wird.

Manche Pferde neigen dazu, bei höher werdender Zuglast in einen höheren Gang zu schalten. Wenn Sie das Pferd am Kopf begleiten, können Sie das wunderbar verhindern.

Des weiteren hat das Pferd Ihre Stimme gut kennen gelernt und vertraut Ihnen. In dieser Position sind Sie am besten in der Lage, das Pferd in allen Situationen zu beruhigen.

Ich habe es schon angesprochen: Sie werden nicht in ein paar Tagen zum Waldarbeiter werden, und ich denke das wollen Sie ja auch nicht. Wir haben letztens einige Baumkronen zum Abbrennen im Kamin aus dem

Auch eine Methode, das Bauholz für den Koppelzaun zu transportieren!

Wald holen dürfen. Das Holz war von den Waldarbeitern schon vorbereitet, und jedes einzelne Holzstück hätten wir auch mit eigener Körperkraft aus dem Wald bekommen. Aber warum soll man sich so anstrengen, wenn man doch Pferde hat? Am Abend haben wir vorübergehend von einem Aussteigerleben in den Pyrenäen geträumt und waren irgendwie stolz auf uns.

Auch bei so mancher Baumaßnahme haben wir unsere Pferdchen schon eingesetzt. Warum soll man schwere Natursteine und Basaltsäulen selber schleppen, wenn da doch große schwarze Pferde in der unmittelbaren Gegend sind?

Im Grunde muss natürlich jeder selber entscheiden, ob solche Aufgaben mit dem Pferd zu lösen Spaß bringt, denn Zeit erspart man sich sicherlich nicht!

Was zu beachten ist

Bei diesen Arbeiten mit dem Pferd sind Scheuklappen am Kopfstück völlig untauglich, sogar gefährlich. Das Pferd braucht gute Rundumsicht. Weil auch die Verwendung einer Kandare bei diesen Arbeiten falsch ist, benutzen wir hier einfach ein Halfter, in das eine Trense mit Knebeln eingehängt wird.

Bei allem, was Sie hinter Ihr Pferd hängen (egal ob Schleppe, Baumstamm oder Steine), sollten Sie immer darauf achten, dass Sie die Verbindung von Ortscheit zu angehängter Zuglast schnell lösen können, falls es einmal ein Problem geben sollte.

Dazu eignen sich wunderbar die Patenthaken von Seite 86, die Sie mit einer langen Schnur auch aus ein paar Schritt Entfernung sofort öffnen können. Anfangs sollte hinten neben dem Ortscheit ein Helfer mitgehen, der diese "Notleine" betätigen kann, falls das Pferd sich vor dem Geräusch der über den Boden schleifenden Last erschrickt. Diesen "Schleifgeräuschen" gegenüber kann man Pferde aber schon desensibilisieren, bevor man etwas an sie dranhängt: Sie können das aufgeschirrte Pferd einfach führen, während ein Helfer in gebührendem Abstand hinterhergeht und beispielsweise eine Schneeschaufel über den Asphalt zieht, einen Müllsack mit leeren Konservendosen darin oder sonst etwas grässlich Schepperndes. Sobald das Pferd unruhig wird, bleibt der Helfer stehen und hört mit dem Krachmachen auf. Wenn Sie mit viel Ruhe, Geduld und Belohnung arbeiten, lässt sich Ihr Pferd schon bald von "schrecklichen" Geräuschen hinter ihm nicht mehr aus der Ruhe bringen. Das kommt Ihnen auch beim Kutsche fahren zugute!

Wasser fahren, Arbeiten im Heu

Um hier vorzeigbare Ergebnisse zu erzielen, müssen Sie Ihren Fuhrpark schon ein wenig darauf einrichten.

Teuer muss diese Anschaffung aber nicht sein, denn sowohl die Pferdeheurechen als auch die Gabelwender für den Pferdebetrieb sind über die üblichen Anzeigenblättchen meist für wenige Mark zu bekommen. Bauern brauchen diese Geräte nicht mehr, aber so manches Mal stehen sie doch noch irgendwo in der Ecke und werden dann meist zum Schrottpreis verkauft. Diese Situation könnte sich allerdings in den nächsten Jahren wieder verändern, denn es sind einige Studien, Diplom- und Doktorarbeiten zum Thema Pferdeeinsatz in der Landwirtschaft erstellt worden, die alle übereinstimend zu dem Ergebnis kamen, dass in weiten Bereichen der Landwirtschaft, besonders bei Gartenbaubetrieben und Weinbaubetrieben etc., der Einsatz von Pferden nicht nur ökologisch, sonder überraschenderweise auch ökonomisch Sinn machen kann. Ich würde mich nicht wundern, wenn in den nächsten Jahren eine Renaissance der Pferde auf den Äckern zu beobachten ist, wie es mit dem Pferdeeinsatz beim Holzrücken in Mittelgebirgswäldern schon geschehen ist.

Mit geringem Fuhrparkeinsatz, aber hohem Zeiteinsatz können Sie Wasser auf die Wiese fahren. Wenn Sie eh schon angespannt haben, ist es nicht sehr aufwendig, ein paar Wasserkanister mitzunehmen. Eine Schwierigkeit, die zu bedenken ist und daher nur von Ihnen vor Ort entschieden werden kann, ist die Frage: Was machen meine anderen Pferde auf der Wiese, wenn ein Wagen mit Pferd davor parkt und was macht mein Kutschpferd, wenn es die Artgenossen frei auf der Wiese tobend beobachtet? Ohne Helfer ist diese Aufgabe in den meisten Fällen nicht durchführbar.

Vor dem allzu leichtfertigen Herangehen an Arbeiten mit Heuwendern und Heurechen mit dem Pferd muss aber dringend gewarnt werden! Diese Geräte klappern, scheppern, drehen und bewegen sich und können so manches Pferd völlig aus der Fassung bringen. Wenn Sie ein wirklich zugerprobtes und nervenstarkes Pferd besitzen und sich für diese Art von Arbeit interessieren, sollten Sie unbedingt fachliche Anleitung suchen. Wenn es in Ihrer Gegend keinen Landwirt mehr gibt, der noch mit Pferden arbeiten kann, können Sie sich beispielsweise an die "IG Zugpferd" (s. Anhang) wenden, die entsprechende Kurse anbietet. Inzwischen gibt es auch Gärtnereibetriebe und Biolandhöfe, die ausschließlich mit Pferden arbeiten und bei denen Sie sicher einmal über die Schulter schauen können.

Für viele nicht nur pure Nostalgie, sondern sinnvolle Beschäftigung: Arbeiten mit echten PS.

Fahren in anderen Ländern

Fahren mit Pferden wurde und wird nicht nur in Deutschland und England praktiziert. Es gibt in der Welt auch andere anerkannte Fahrsysteme, die nicht nur kleine Unterschiede zeigen, sondern sich von der hiesigen Art des Fahrens deutlich unterscheiden.

Die russische Art des Fahrens

Wenn man auf Russland und Fahren angesprochen wird, fallen den gut informierten Leuten sofort zwei Begriffe ein: Troika und Duga. Diese Begriffe haben die meisten sicher schon irgend wann gehört, aber so richtig anzufangen weiß man damit nun doch nichts.

In der in Russland und üblichen Fahrerei verzichtet man im Einspänner auf die Verwendung von Zugsträngen. Sowohl der leichte als auch der schwere Wagen werden mit den beiden Scherbäumen gezogen. Die Scherbäume werden mit der Duga (wörtliche Übersetzung: Bogen) verbunden. Die Duga ist ein hufeisenförmiger, oft üppig verzierter und mit Glöckchen behängeter Holzbügel, der die beiden Scherbäume miteinander verbindet. Das Kumt ist mit Lederriemen an der Duga befestigt. Die Duga hat die Aufgabe, alle Bewegungen des Wagens aufzunehmen. Dabei verwindet sich die Duga im oberen Teil durch Deformierung und Verdrehung und gewährleistet, dass Stöße und Bewegungen des Wagens nicht oder sehr abgeschwächt auf das Kumt und somit auf das Pferd übertragen werden. Das Kumt wird mit Hilfe der Duga stabilisiert und kann sich nicht mehr um den Hals des Pferdes drehen und so scheuern.

Diese Form der Anspannung ist schon recht alt und für das Fahren auf extrem schlechter Straße geeignet. Mit dieser Anspannung ist es in pferdeschonender Weise ebenso möglich,

Russische Anspannung mit Duga und Kumt.

sehr lange Distanzen zu fahren. Russland ist groß, die Wege waren weit, und die Straßen (falls vorhanden) schlecht! Die Anspannungsform ist nur für den Einspänner gedacht und geeignet. Die Fahrweise ist, wie bei fast allen Gebrauchsfahrweisen üblich, eine zweihändige.

Bei der Troika handelt es sich um einen nicht ganz echten Dreispänner. In der Mitte wird ein Pferd in der Einspännermanier mit der Duga eingeschirrt, rechts und links von dem Mittelpferd wird je ein Pferd dazugespannt. Die Außenpferde werden mit dem Kopf jeweils nach außen ausgebunden. In der Troika soll das Mittelpferd, meist ein Orlov-Traber, traben, während die beiden Außenpferde galoppieren. Eine spektakulär aussehende, aber nicht leicht zu fahrende Anspannung und für unsere mitteleuropäisch-begrenzten Landschaften nicht geeignet!

Die amerikanische Anspannung

Die Amerikaner lieben besonders das als "Pleasure Driving" bezeichnete Fahren mit leichten und hochblütigen Pferden. Passend zu den Pferden sind auch die Wagen sehr oft leichte Buggys oder Sulkys und die Brustblattgeschirre entsprechend leicht. Das Brustblatt ist nur wenig stärker als das eines Trabergeschirrs.

Typisch für die amerikanischen Wagen sind oft besonders große Räder, sowohl an der Hinter- als auch an der Vorderachse. Die Konstruktion der Wagen erlaubt nicht, dass die Vorderräder in einen Freiraum unter der Sitzbank verschoben werden können, so dass der Wendekreis mit einem solchen Wagen recht groß ist. Meist kann man die Schere von der Mittelstellung aus nur etwa 50 Grad nach links und genauso viel nach rechts verdrehen. Auch die amerikanische Fahrweise ist aus der Arbeit mit Pferden entstanden, entsprechen wird mit beiden Händen gefahren. Leinen mit eingenähten Handschlaufen, ähnlich der Traberfahrleine, sind üblich.

American Saddlebred in Brustblatt-Anspannung vor einem leichten Sulky, amerikanischer Stil.

Die ungarische Anspannung
Bekanntermaßen gehören die ungarischen Gespannführer im Sportfahren zu den Erfolgreichsten schlechthin. Die Ungarn haben eine eigene Fahrweise, die ebenfalls eine Gebrauchsfahrweise ist.

Die Tradition der ungarischen Fahrerei ist alt und von Schnelligkeit geprägt - durch die weite Puszta hat es wohl keinen Spaß gemacht, gemächlich im Schritt zu fahren, da musste es schon etwas schneller hergehen!

Die ungarischen Juckergespanne ("Jucker" sind leichte, halbblütige Pferde) bewegen sich hauptsächlich im Trab, der Galopp ist durchaus üblich.

Ein wesentlicher Unterschied zu den bei uns bekannteren Fahrweise ist die ungarische "Fröschel - Fahrleine"; Schnallstücke (Fröschel) werden vor, in oder hinter der Hand gehalten, je nach Erfordernis.

Des Weiteren muss der ungarische Fahrer schon beim Zweispänner mit vier Fahrleinen zurechtkommen, so wie es in Deutschland erst beim Vierspänner nötig ist.

Auch in der Wagen- und Geschirrtechnik und Ausführung gibt es zahlreiche Unterschiede. Am bekanntesten sind wohl die ledernen, manchmal sehr aufwändigen Verzierungen am Brustblattgeschirr der Ungaren, die Schalanken.

Die Wagen sind meistens leichte Jagdwagen, denn Sie wissen schon - es geht flott zur Sache!

Nützliche Adressen

Sieltec-Geschirr
Humanopolis GmbH
Dietmar Krüger
Groß Malchau 50
29597 Stoetze
Internet: www.sieltec-geschirr.de

Reflektor-Sicherheitsgeschirr (S. 111)
PMS-Smentek GmbH
Rückertweg 2
95447 Bayreuth
Tel.: 0921 75971-0 Fax: 0921 52648
Internet: www.pms-smentek.com

VFD - Vereinigung der Freizeitreiter und -fahrer in Deutschland
Geschäftsstelle des Bundesverbandes
Auf der Hohengrub 5
56355 Hunzel
Tel.: 06772 9630980
Internet: www.vfdnet.de

IGZ - Interessengemeinschaft Zugpferde e.V.
Bundesgeschäftsstelle
Peter Herold
Uferstraße 29
73660 Urbach
Tel.: 07181 88789-53
Internet: www.ig-zugpferde.de

Kontakt zum Autor
Burkhard Rau
Bahnhofstr. 2
54579 Ahütte
Tel.: 02696 930116 Fax: 02696 930373
Internet: www.hufbeschlagschule.de

Ahütte
Gemeinde Üxheim
Kreis Daun